NOUVELLE SÉRIE

BIBLIOTHÈQUE DÉMOCRATIQUE

Directeur : M. VICTOR POUPIN

ALPHONSE ESQUIROS

LES PAYSANS

PARIS

LIBRAIRIE DE LA BIBLIOTHÈQUE DÉMOCRATIQUE

9, PLACE DES VICTOIRES, 9

Dépôt principal pour les expéditions en province :

BLANC, 31, rue Dombasle, à Paris.

et par la poste, franco,

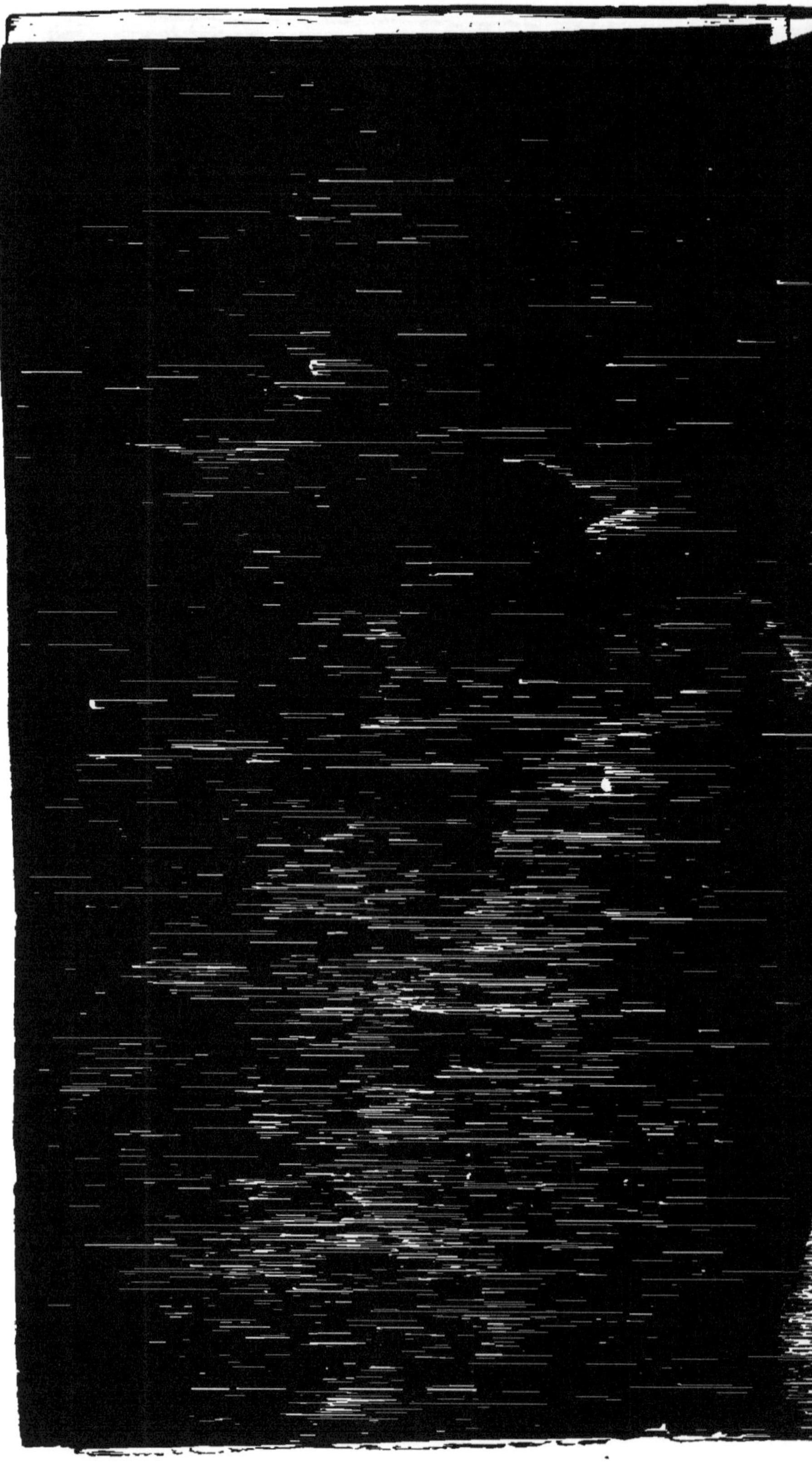

LES

PAYSANS

Paris-Vaugirard. — Typ. N. Blanpain, 7, rue J...

LES PAYSANS

PAR

ALPHONSE ESQUIROS

PARIS

LIBRAIRIE DE LA BIBLIOTHÈQUE DÉMOCRATIQUE

9, PLACE DES VICTOIRES 9,

1875

ALPHONSE ESQUIROS

Alphonse Esquiros, après un volume de vers, *les Hirondelles*, poésies de sa vingtième année, écrivit, de 1837 à 1839, un roman fantastique, *le Magicien*, et *Charlotte Corday*, légende révolutionnaire dont le succès fut éclatant.

Une étude sociale en trois volumes : *les Vierges sages*, *les Vierges martyres*, *les Vierges folles*, parut un an plus tard et consacra sa réputation. Le jeune homme avait dès lors une mission. L'avenir des classes laborieuses devint le sujet constant de ses travaux, la préoccupation de sa vie.

Mais l'apostolat démocratique n'a jamais été sans danger; Esquiros subit, en 1840, une première condamnation pour son livre *l'Evangile du peuple*, dans lequel il démontrait les contradictions de l'Eglise avec l'esprit évangélique.

Pendant cet emprisonnement parurent ses *Chants d'un prisonnier*, puis à trois ans de date, *l'Histoire des Montagnards*, et quelques mois ensuite un ouvrage intitulé *Paris*, publié en grande partie déjà dans la *Revue des Deux-Mondes*, et qui disait les progrès des sciences, des institutions et des mœurs au dix-neuvième siècle.

La révolution de 1848 trouva chez l'éminent publiciste un républicain depuis longtemps convaincu; le citoyen Esquiros fut nommé président du Club du peuple. Mais bientôt, la réaction s'étant accentuée, l'auteur de *la Vie future au point de vue socialiste* fut impliqué dans les

LES PAYSANS

I

FRANCE

DEPUIS LA CONQUÊTE DES GAULES
JUSQU'A L'ABOLITION DU SERVAGE

Sur les bords de la Loire ou de la Saône, dans ces vastes plaines chargées des richesses de la culture, je me suis souvent arrêté à promener mes yeux çà et là autour de moi : des collines joyeuses laissaient pendre à mi-côte des vignes, des arbres à fruit, des bois bordés de fougères ; à mes pieds, la rivière roulait ses eaux majestueuses et pures ; tout le long des haies, où l'oiseau venait becqueter les grappes de l'aubier rouge, à l'ombre des vieux murs où le lierre, ce ciment végétal, reliait entre elles les pierres agitées par le vent, ce n'était que fête, joie, amour ; la chèvre, du haut des rochers où elle se suspendait aux pruniers sauvages, me jetait le bonjour en ricanant; dans les étangs, les grenouilles, les sarcelles, les poules d'eau, tout ce monde aquatique auquel les roseaux donnent l'hospitalité, semblait heureux de vivre; au chant des oiseaux qui peuplaient les branches, les arbres du chemin, ces graves philosophes, mêlaient silencieusement leur ombre et leur rêverie, qui n'avait rien de triste; dans l'herbe, des insectes innombrables bourdonnaient : au milieu de toute cette gaieté de la nature, mes regards ne découvraient qu'un être souffrant, misérable, courbé, — l'homme.

« L'on voit certains animaux farouches, des mâles et des femelles, répandus par la campagne, noirs, livides et tout brûlés de soleil, attachés à la terre qu'ils fouillent et qu'ils remuent avec une opiniâtreté invincible. Ils ont comme une voix articulée; et quand ils se lèvent sur leurs pieds, ils montrent une face humaine, et en effet, ils sont des hommes. Ils se retirent la nuit dans des tanières, où ils vivent de pain noir, d'eau et de racines; ils épargnent aux autres hommes la peine de semer, de labourer et de recueillir pour vivre, et méritent ainsi de ne pas manquer de ce pain qu'ils ont semé. » — (LABRUYÈRE).

La famille rustique est depuis des siècles penchée comme le bœuf sur le sillon ; elle récolte et elle ne consomme pas. Tous les arts naissent de l'agriculture et l'agriculteur reste étranger toute sa vie aux jouissances que ces arts développent. Il semble que la malédiction ait passé sur cette race condamnée aux rudes travaux, et pourtant quelle existence au monde fut jamais plus digne d'intérêt ! Dans sa famille, le paysan est grave et bon ; dans les champs, il est le compère de la nature. Il faut le voir regarder l'heure au soleil d'un air avisé, deviner à certains signes la présence occulte des sources, prédire la veille si la journée du lendemain sera belle ou pluvieuse. Nul n'est plus chez lui que le paysan dans l'univers.

L'état de malaise dans lequel végètent nos campagnes remonte jusqu'aux origines mêmes de notre nation. Nous voudrions saisir à travers les ténèbres de l'histoire le fil conducteur des événements qui ont fait de l'esclave un serf et du serf un paysan.

Il ne faudrait pas juger du mouvement

des villes par celui des campagnes. La race, le caractère des obstacles, la condition des développements, rien ne se ressemble. Nous entrons dans un ordre de faits différents, quoique parallèle à celui qui amena l'établissement des communes.

I

LES BAGAUDES.

Nous dirons peu de chose de l'état des campagnes sous la domination romaine. La famille agricole était alors composée de trois espèces de gens: les colons libres, les colons attachés au sol, et les colons esclaves.

Les colons libres étaient livrés à l'avidité sans bornes des chevaliers romains, fermiers de l'impôt, et aux exigences des capitalistes qui spéculaient sur la terre. D'un autre côté, la loi se montrait extrêmement sévère envers les colons attachés au sol, qui tentaient d'échapper par la fuite à la dureté de leur condition; ils étaient considérés comme commettant le vol de leur propre personne. Quant aux esclaves proprement dits, ils faisaient partie de l'instrument du fonds, c'est-à-dire des outils employés à la culture. Ce que l'esclave acquérait était acquis au maître. Le pécule même ne lui appartenait pas dans le sens que le droit attache à ce mot; il le détenait corporellement « comme un âne, dit Cujas, tient une selle. »

L'esclave était une fonction incarnée ; il fallait que, mâle ou femelle, il eût la figure, les mœurs, les qualités ou les défauts de l'emploi auquel on le destinait. Toute sa valeur physique et morale était relative aux services qu'on attendait de lui. Si telles femmes esclaves devaient être fortes, non laides (1), c'est que l'ordre des travaux auquel on réservait ces créatures exigeait certaines facultés du corps. Nulle personnalité humaine: l'esclave était dans le commerce comme une chose. De cet avilissement le malheureux se vengeait en prenant les vices de sa condition : esclave était synonyme de voleur. A tout prendre, l'esclavage était une mau-

______

(1) *Has mulieres esse oportet firmas, non turpes...*

vaise institution, même pour ceux qui en jouissaient. Dieu n'a pas voulu qu'il y eût un avantage dans l'injustice, au profit de ceux qui l'exercent. L'esclave était paresseux, on le serait à moins. Le fouet n'y pouvait rien. La terre de son côté dédaignait ces bras indignes de la cultiver ; elle protestait contre l'avarice des maîtres, contre la possession de l'homme, en refusant de produire. Dans les derniers temps de la domination romaine, les campagnes étaient presque devenues stériles.

Nous pouvons juger du malheureux état des populations rurales par les formidables révoltes qui éclatèrent dans les Gaules. Le premier soulèvement dont l'histoire fasse mention eut lieu sous Dioclétien.

Deux chefs, Hélius et Amandus, se mirent à la tête du mouvement. Ayant rassemblé par les Gaules une bande d'agriculteurs et de brigands (1), connus des indigènes sous le nom de *Bagaudes*, ils commencèrent à ravager les champs et à

---

(1) *Excitatâ manu agrestium ac latronum...* Il est d'usage, pour tous les pouvoirs établis, d'appeler brigands les hommes qui leur sont hostiles.

inquiéter les villes. C'est toujours une surprise pour les dominateurs que de rencontrer l'énergie au sein des masses conquises. Les Romains n'en revinrent pas de voir des laboureurs, des pâtres, ignorants de l'art militaire, transformés les uns en fantassins, les autres en cavaliers. Un vaste tumulte d'armes et de cris sauvages se répandit dans les campagnes. La ville d'Autun, assiégée par les rebelles, en fut réduite à implorer le secours du général romain.

Après de soudaines expéditions, les deux chefs, Hélius et Amandus, se retirèrent dans leur château de *Bagaudes*. Ce château avait été bâti par César, au confluent de la Seine et de la Marne. A l'orient, au midi et au nord, cette rivière (la Marne) lui faisait une ceinture qui lui tenait lieu de muraille; au couchant, la face par laquelle le château regardait Paris était défendue par un mur très-solide, ouvrage des Romains, construit en terre pierreuse; au pied de ce mur, des fossés très-profonds avaient été creusés, qui mariaient leur eau à l'eau de la rivière, en sorte que du nord au midi le château semblait sortir d'un vaste océan.

Hélius et Amandus : je n'écris pas sans respect les noms, défigurés sans doute, latinisés, de ces deux Gaulois, nos ancêtres, qui, impatients du joug des Romains, soulevèrent contre eux les campagnes. La liberté chez nous est fille de la terre. Elle a ses attaches dans les productions du sol, dans les harmonies mystérieuses de notre pays et de la race celtique ; ces forêts, ces eaux, ces montagnes que la conquête romaine avait violées, ce n'était pas seulement une patrie pour les Gaulois, c'était une religion. En vain, dans leur politique savante, les Romains avaient-ils imposé des divinités nouvelles aux fontaines, aux arbres, aux divers monuments de la nature : le souvenir des dieux vaincus était toujours présent au cœur de la race soumise.

Hélius et Amandus moururent ; mais la *Bagaudie*, l'hydre de la *Bagaudie* (disent les historiens romains) ne mourut point avec eux. Ils laissèrent leur âme, c'est-à-dire l'insurrection, dans le peuple des campagnes. Çà et là, on coupait une tête à cette révolte, qui n'était, après tout, que le droit de légitime défense, le droit qu'ont les peuples conquis de revendiquer sans cesse leur indépendance : *Contra hostem æterna auctoritas esto*. Cette tête saignait, mais repoussait. Les *Bagaudes* naissaient des *Bagaudes*.

C'est peut-être l'unique exemple d'une insurrection qui, renouant sans cesse ses tronçons, se soit étendue comme un serpent dans l'espace et dans le temps. Eclose au troisième siècle, elle durait encore au septième. Quand, assailli par les barbares, l'Empire fut aux prises avec des difficultés sans nombre, la *Bagaudie*, loin de disparaître dans la confusion des événements, ne fit que mêler un désordre de plus au désordre général des hommes et des choses. Loin d'opposer un rempart aux excursions des barbares, le peuple des campagnes, pour lequel la domination romaine était, après tout, la plus intolérable des barbaries, ne se faisait aucun scrupule de passer aux envahisseurs. On les voyait émigrer sans remords, pêle-mêle, vers les Goths ou les autres barbares. « Ils aiment mieux vivre, fait observer Salvien, sous l'apparence de la captivité, que d'être esclaves avec le semblant de la liberté. C'est pourquoi on répudie volontairement aujourd'hui le nom de citoyen romain, si fort estimé autrefois, mis à un si haut prix. Telle est la condition d'une grande partie de l'Espagne et d'une non moindre partie des Gaules, de tous ceux enfin que l'iniquité romaine a forcés de renoncer à la qualité de Romains. »

Telle fut une des causes les plus actives de la dissolution de l'Empire. Au lieu de s'être fait des alliés dans les campagnes, en couvrant les hommes et les propriétés de sa tutelle, Rome n'avait su se faire que des ennemis. Aussi, quand vint le moment de la grande expiation ; quand les barbares, poussés les uns par les autres, fondirent sur les Gaules romaines, l'Empire ne trouva personne pour le défendre. Que dis-je ? aux Goths, aux Germains, aux Bourguignons, qui la mordaient de tous côtés, Rome vit se joindre les Bagaudes, ces indomptables agriculteurs qui avaient abandonné, depuis des siècles, les campagnes où ils ne trouvaient plus à vivre. Attirés par l'odeur de la curée, ils se confondirent dans l'âpre et avide bande des barbares. C'était à qui mangerait du monde romain.

Les Bagaudes ont été flétris par les Ro-

mains, comme le seront, par les déten-
teurs du pouvoir et de la force, tous ceux
qui revendiqueront pour leur pays et pour
eux-mêmes la liberté. On les a accusés
de pillage, de meurtre, d'incendie ; on
leur a fait un crime d'avoir passé aux barbares. Ils ne trouvèrent dans ces siècles
de révolution qu'un homme pour les défendre, un prêtre, Salvien, qui avait dans
l'esprit des traits de ressemblance avec
l'auteur des *Paroles d'un Croyant*. Le beau
soleil de Marseille avait encore remué
dans ce tempérament bilieux la passion
de la justice.

« Dépouillés, s'écriait-il, par des juges
mauvais et cruels ; torturés, mis à mort,
après avoir perdu la liberté garantie par
leur qualité de Romains, ils renoncent à
l'honneur de ce nom ; et nous osons après
cela leur imputer à crime leur infortune ;
nous leur infligeons un nom que nous les
avons contraints de prendre ; nous les ap-
pelons rebelles, brigands, lorsque c'est
nous qui les avons appelés à la révolte !
Qui donc les fait Bagaudes ? Ne sont-ce
pas nos injustices, les sentences iniques
des juges, leurs proscriptions, leurs rapines ; eux qui détournent à leur profit le

produit des impôts et se sont fait une
proie des tributs publics ; eux qui, semblables à des bêtes féroces, ont dévoré
ceux dont les intérêts leur étaient confiés,
au lieu de les protéger ; eux qui, moins
humains que les larrons, ne se bornent
point à dépouiller leurs victimes, mais les
déchirent et se repaissent, pour ainsi dire,
de leur sang. Comment des hommes ainsi
traités ne seraient-ils pas devenus barbares, lorsqu'on ne leur permettait pas de
rester Romains ? Et aujourd'hui encore,
ne pousse-t-on pas à se faire Bagaudes
ceux qui ne le sont pas ? Ils supportent
assez d'injures et de violences pour être
conduits à cette extrémité, et il n'y a que
le manque de courage qui puisse les retenir. »

II

LES SERFS.

Après l'invasion des barbares, nos campagnes passèrent du joug des Romains
sous celui des Franks. La possession fut

d'abord tumultueuse. Le partage des terres conquises se fit, dans les commencements, à la pointe du glaive. L'usurpation est ici flagrante ; mais, il faut bien le dire, la force n'a pas tout fait : en même temps que les barbares prenaient à la société romaine ses terres, ses instruments de culture, ses hommes, ils lui prenaient aussi la notion du droit.

Les Romains se réfugièrent dans les villes. Ils abandonnèrent les campagnes au pillage. La race vaincue que les Franks rencontrèrent sur les sillons ravagés, et dont ils firent avec les bestiaux un mobilier de culture, était la vieille race celtique. Le matériel de la conquête se composait de la terre, des animaux domestiques et des esclaves.

Les Franks se trouvèrent ainsi en relation avec les Gaulois, que les Romains s'étaient appropriés avant eux. Il y avait dès longtemps dans nos campagnes deux races, l'une née pour la jouissance, et l'autre pour le sacrifice ; l'une qui versait le bien-être avec le travail, et l'autre qui absorbait. La nouvelle invasion ne changea rien au rapport des Gaulois avec la terre. Ils restèrent l'instrument agricole des nouveaux maîtres. La domination des peuples du Nord substitua seulement le servage à l'esclavage.

Dans les premiers temps de l'invasion, la propriété était concédée à vie, et ensuite elle passa dans les familles par voie d'hérédité. La nature de ce changement tient à la loi, au développement moral des races et à leur installation sur le sol. Les fruits du travail industriel se laissent aisément posséder; il n'en est pas de même de la terre. Celle-ci résiste à là main qui veut la saisir. C'est une erreur de croire qu'il suffise de s'emparer de la terre pour la posséder.

Il nous faut entrer ici dans l'un des plus grands mystères de l'histoire, celui de l'incarnation des races sur le sol.

Au commencement, la terre rattachait à son existence celle des hommes qui vivaient sur elle; la terre s'emparait d'eux moralement et physiquement. Nous voyons dans toutes les anciennes sociétés, et surtout avant la fondation des sociétés, l'homme parasite du globe. Il ne s'appartient pas; il appartient à la nature extérieure, qui l'enlace, qui le soumet, qui l'absorbe. Il semble, dans ces temps an-

ciens, que la terre ait une âme, des organes dont les deux règnes habitent l'extrémité; elle vit et enveloppe tous les êtres
vivants dans sa constitution planétaire.

Chez toutes les races inférieures de
l'Orient ou du nouveau monde, les mani-
festations de l'intelligence, les caractères
physiologiques sont enchaînés au climat.
Enfants de la terre, nés de ses os, selon
la fable, les habitants primitifs de ces
contrées reçoivent du milieu où ils vivent,
non-seulement la couleur de la peau, des
yeux, de la chevelure, mais encore, si j'ose
ainsi dire, la couleur de leurs pensées et
de leurs sentiments. La forme humaine,
au physique et au moral, se modifie sur
la nature des lieux que l'homme croit
dominer et qui le dominent. La terre est,
dans les commencements surtout, configu-
ratrice des destinées sociales d'un peuple.

Revenons aux Gaules. Il n'y avait dans
ces contrées qu'une race dont le mariage
avec la terre fût vraiment consommé :
c'était la race celtique. Je ne parle point
des Romains qui n'avaient fait que glisser
sur leur domaine. Cinq ou six siècles,
qu'est-ce que cela pour contracter des
liens légitimes avec la terre? mais les plus

étrangers de tous les habitants qui foulaient alors le sol gaulois, étaient les barbares, les Franks. La trace de leur diversité d'origine était partout sensible et les suivait, pour ainsi dire, jusque dans ces forêts où ils chassaient le sanglier national.

L'assimilation des nouvelles races au sol est généralement une œuvre lente. Cette œuvre était encore retardée par les mouvements qui venaient sans cesse déplacer la propriété. Du temps où la terre était troublée par les combats que se livraient entre eux les envahisseurs, elle n'avait pas le temps de faire connaissance avec ses nouveaux maîtres. La terre est coquette : elle ne se donne pas au premier venu. S'emparer d'elle par la violence, on le peut; mais ces unions forcées sont généralement stériles; pour que la terre soit féconde, il faut qu'elle ouvre son sein par amour à celui qui la désire. Ceci explique les disettes, les famines qui ne cessaient de désoler les Gaules, dans les premiers temps de la domination franke. Comme tous les ravisseurs qui rencontrent de la résistance, les barbares traitaient durement la terre et ceux qui vivaient sur elle, qui en étaient pour ainsi dire les organes vivants : je veux parler des agriculteurs. Ces mauvais traitements ne faisaient que resserrer encore le sein de la terre.

J'ai averti que le mouvement des campagnes n'avait rien de comparable au mouvement des villes. La raison de cette différence est dans la nature de la propriété. Les habitants des villes étaient des marchands, des artisans : ils vivaient du fruit de leur industrie. Or il est dans la nature de l'homme de s'approprier tout de suite les fruits de son travail ; mais la terre ?

J'étais depuis longtemps frappé du contraste de ces deux propriétés, si distinctes, quand je trouvai leurs caractères parfaitement décrits dans un ouvrage de Fabre d'Olivet (1) : « Il ne faut pas confondre ce que je dis ici de la propriété territoriale avec ce que j'ai dit ailleurs de la propriété industrielle. Ces deux propriétés ne se ressemblent pas du tout par le droit. La propriété industrielle constitue un droit naturel, inhérent à l'homme,

(1) *De l'état social de l'homme.*

un besoin dont l'état social tire son pri-n cipe; tandis que la propriété territoriale repose au contraire sur une concession innaturelle, étrangère à l'homme, qui n'a lieu que longtemps après que l'état social est constitué. Il n'est pas besoin de loi, comme je l'ai dit, pour établir le droit de propriété industrielle, parce que chacun sent par instinct que le produit du travail d'un homme lui appartient de la même manière que son corps; mais ce n'est jamais que par suite d'une loi, et d'une loi très-forte, que le droit de propriété territoriale peut être admis; parce que l'instinct repousse l'existence d'un pareil droit et que jamais il n'aurait lieu, si l'intelligence dans laquelle il a son principe ne parvenait à le sanctifier. »

Dans toutes les sociétés anciennes, l'Inde, l'Égypte, la Perse, il n'y avait qu'un propriétaire universel du sol, c'était le roi. Il possédait la terre en qualité de représentant de Dieu. Pontife et roi, il confondait dans sa personne l'ordre religieux et l'ordre civil. Comme propriétaire universel du sol, il pouvait créer des sous-propriétaires qui n'étaient en définitive que des fermiers. C'est ainsi que les an-

ciens rois avaient institué autour d'eux,
des existences considérables, quoique
toujours dépendantes de la leur. Il se
passa quelque chose de semblable parmi
les Franks, quand ils s'établirent dans les
Gaules. La propriété foncière fut un élément tout nouveau introduit dans l'existence de cette race nomade. Jusque-là, le
butin que les chefs de bande poursuivaient
dans la victoire était un butin mobilier.
Des armes, des troupeaux, des vêtements,
de l'or, tout cela rentrait dans l'ordre des
richesses dont l'homme fait aisément sa
proie, sa chose. Un instinct sacré avertit
les Germains qu'en touchant au sol ils
touchaient à une propriété toute différente
de la propriété mobilière ; ils reconnurent
le besoin de remonter pour la distribution
des terres à un principe religieux, à un
principe d'unité.

Il y aurait de la naïveté à croire que les
premiers envahisseurs se soient répandus
çà et là, de manière à ce que chaque
guerrier s'avisât d'enclore un espace de
terrain et de dire : *Cela est à moi*. Pour
mordre sur la terre, pour entamer cette
propriété indivise, il fallait quelque chose
de supérieur au *moi*. Ce quelque chose

de supérieur, les Franks ne pouvaient le chercher que dans leurs croyances et dans leurs mœurs nationales. Avant que la race ne se fût fixée sur un sol, la guerre et le pillage fournissaient aux chefs la matière de leurs munificences. C'étaient eux qui partageaient le butin à leurs compagnons. Il en fut de même dans la division de la propriété foncière.

Quoique la force, la violence, le hasard aient joué, sans contredit, un rôle considérable dans l'occupation des terres, les barbares, tout barbares qu'ils fussent, s'élevèrent à une fiction de droit. Cette fiction, la voici : le roi est le lieutenant de Dieu dans le temps ; comme tel, il possède la terre et tout ce qui est sur la terre, *et omnia quæ sunt super eam*. Toute propriété foncière émane ainsi de la sienne. Les premiers bénéfices concédés par les rois de la première race étaient, en effet, révocables, temporaires ou viagers. On en cite très-peu d'héréditaires. Le roi, par le seul fait de son couronnement, devenait le dispensateur du sol, le dieu terrier, *rex terrarum*. Il communiquait à quelques-uns, sans se dessaisir, du moins dans les commencements, la jouissance de ces

...que la Providence a prêtés à l'homme pour son usage, l'air, l'eau, la terre et
les germes naturels que féconde le travail.

Ce qui s'opposa seulement à ce que le
roi fût, comme dans les sociétés anciennes, l'arbitre souverain et unique de la
concession des terres, c'est qu'il n'était
chez les Franks qu'un chef militaire; il
n'était point pontife. L'Église qui, sous
tous les autres rapports, accrut démesu-
rément dans les Gaules la prérogative
royale, si faible à l'origine, la limita dans
ce qui concernait le droit sur la propriété
foncière. Ce droit, l'Église le réclamait
pour elle au même titre, comme repré-
sentation visible de Dieu dans ce monde.
Le différend se termina par une transac-
tion. Il y eut le domaine du roi et le domaine de l'Église.

Ainsi, la main-mise de l'individu sur la
terre a été repoussée par les origines
mêmes de notre droit national. Il n'y a
que Dieu, croyait-on, qui possède la
terre, ce droit, il l'a transmis à l'État et
à l'Église, qui peuvent le déléguer, si bon
leur semble, aux individus : voilà le prin-

A mesure qu'on s'éloigne des sources de la propriété foncière, le cours des choses tend constamment à rendre héréditaires les domaines qui étaient d'abord concédés à titre d'usufruit et à vie. C'est alors que la terre passe sous la loi de l'homme : je me trompe, c'est l'homme qui passe sous la loi de la terre.

Tant que les rapports avec le territoire n'étaient pas formés, la noblesse était personnelle ; elle prenait sa raison d'être dans les qualités et dans le caractère de l'homme. Plus tard, il n'en fut plus ainsi ; nous voyons l'homme pris par les objets qu'il croyait occuper. Il voulait conquérir la terre ; c'est la terre qui le saisit, qui s'attache à lui, qui le transforme en elle. La terre n'est pas une matière comme une autre, elle s'empare de ses maîtres ; elle possède qui la possède. Les grandes existences du moyen âge se dessinèrent sur les grands domaines seigneuriaux.

L'intime combinaison de la propriété et du possesseur s'accroît dans l'histoire de France, à mesure que la race étrangère s'implante au sol. Le seigneur du moyen âge vivait dans son domaine comme certains animaux inférieurs vivent dans es organes qui leur servent d'enveloppe. Le parasitisme de l'homme et de la terre a marqué sur tout le régime féodal. La terre n'était pas alors, comme le veut M. Guizot, le signe de l'état des personnes; elle était au contraire le moule dans lequel se coulaient les grandes conditions sociales; c'étaient les hommes qui étaient les signes. Un domaine fit le roi (1) comme un autre fit le duc, le comte, le baron. On était par la terre.

Il y avait chez les anciens le génie du lieu, *genius loci*. On personnifiait ainsi l'ensemble des influences naturelles qui caractérisent chaque portion du globe. La plupart des dieux et des déesses de la fable étaient rattachés à une montagne, à une province, à un fleuve. C'étaient des divinités géographiques. Le système féodal fut établi sur une pareille donnée. Ce fut la personnification des forces, et, si j'ose le dire, des facultés propres à la terre.

(1) On dit tous les jours, dans des histoires fort répan-, que la loi salique excluait les femmes de la succes- la couronne de France. Rien de plus inexact qu'une raison. Ce qu'on appelle maintenant la couronne de un domaine, et les femmes ne pouvaient hé- domaine en vertu de cette loi : Nul ne doit pos- qu'il ne puisse la défendre,

Dans ce système, empreint du fatalisme antique, que devint l'homme? Rien ou presque rien. Aussi, voyez comme les choses se combinent logiquement : il y avait dans la fable deux ordres de divinités, les unes supérieures, qui étaient pour ainsi dire incorporées à une île, à une contrée, à une mer; les autres inférieures, qui étaient incorporées aux arbres, aux fontaines, à la glèbe. Qui ne voit dans cette division une image de la société sous le régime féodal? Au fond, le signe caractéristique du serf n'était point, comme on l'a dit, d'être attaché au sol, le maître l'était aussi : la terre enveloppait alors toutes les existences, les grandes comme les petites. Il n'y avait pas de condition sociale qui ne fût géographiquement dépendante. La différence était, non dans le parasitisme de l'homme et de la terre, mais dans la nature des liens qu'on contractait avec elle, par la naissance.

Tacite nous montre la racine du servage dans les mœurs des Germains (1).

____

(1) D'autres veulent que le germe du servage fût contenu dans les mœurs romaines. Il y avait, chez les Romains, certains esclaves qui étaient voués à la culture d'un

Cette transformation de l'esclave en serf fut d'ailleurs la conséquence du mouvement général des idées et des choses. La possession de l'homme par l'homme avait fait son temps avec le monde romain. La possession de l'homme par la terre était au contraire un principe nouveau qui entrait de toutes parts dans la législation. En se saisissant du sol, les barbares confondirent dans cette propriété tout ce qui s'y rattachait, les instruments d'exploitation, les troupeaux, les bâtiments, les hommes; ils finirent par s'y confondre eux-mêmes.

Le servage était un progrès, c'était la réhabilitation de l'homme dans l'esclave. Le serf cesse de faire partie du capital, des instruments aratoires, bêtes et outils, il n'appartient plus qu'à la terre, à laquelle son maître lui-même appartient.

Immobiliser le cultivateur, l'incorporer au sol, en faire un homme-glèbe, tels étaient bien les caractères du servage. Les serfs formaient les trois quarts de la population. Si quelque chose m'étonne c'est

fonds particulier, et que l'on appelait *adscriptici* ou *addicti glebæ* attachés à la glèbe.

le silence de l'histoire à leur égard. Pendant des siècles les malheureux n'ont pas compté. C'est par eux pourtant, grâce à eux, que la race conquérante vivait, chassait, jouissait, guerroyait, festinait. Tout le travail agricole se faisait en France par la main des serfs, comme à Rome tout le travail industriel par la main des esclaves. Ces serfs, je n'ai point besoin de le répéter, étaient les débris de la race celtique. L'élément agriculteur est chez nous l'élément national par excellence : les villes étaient romaines, les campagnes étaient gauloises. Le glaive de la conquête romaine avait courbé la race celtique ; l'invasion des barbares l'avait incrustée au sol. Elle était le pays ; ses membres étaient les paysans.

Les Franks, à leur arrivée dans les Gaules où ils s'étaient établis par droit de conquête, avaient mis la main sur la terre, sur les instruments de travail, et sur toutes les richesses créées ; ils firent de la population elle-même un auxiliaire du sol ; tout ce qui était capable de produire, produisait pour eux. Ainsi les deux grands principes économiques se trouvaient incarnés dans deux races : le Capital acquis à la pointe de l'épée dans la race franke, le Travail dans la race gauloise.

Les progrès du servage dans les campagnes furent rapides et universels. La liberté ne se soutenait que parmi des ruines, ruines de la propriété, ruines du sol qui passait chaque jour dans les mains de la conquête, ruines d'un monde qui venait de finir. Les grands terriens avaient fait disparaître les petits propriétaires. L'Église étendait partout son action envahissante. Les petits propriétaires transmettaient leurs biens aux abbayes pour en être protégés. Ils se faisaient *serfs de dévotion.* L'Église ne donnait pas ses services; elle les vendait.

Les anciennes divinités locales furent remplacées par des saints ou des saintes auxquels on se dévouait. Ces farouches patrons et patronnes étaient censés recevoir avec une sorte de joie molochique le sacrifice de la liberté humaine. L'absorption de l'individu dans le servage ne fut plus seulement une nécessité de la conquête, ce fut une porte ouverte sur l'infini aux esprits assiégés par les frayeurs surnaturelles. Les croyants se précipitèrent avec fanatisme dans cette sauvage abnégation d'eux-mêmes. La terre de l'Église profitait de ces *dévouements* pour étendre sa domination sur les âmes.

Il y avait des degrés dans le servage : ces degrés étaient marqués par la hiérarchie des terres, à laquelle était subordonnée la hiérarchie des personnes. La condition la meilleure était celle des serfs ecclésiastiques et royaux. L'Église voulait que tout ce qui tenait à elle participât de ses avantages, ou, pour mieux dire, ce n'était pas elle qui le voulait, c'était la nature même des choses. La condition du serf était déterminée par les qualités de la terre qui le possédait. Il y avait des terres sacrées, des terres royales, des terres féodales; c'étaient autant de caractères dans le servage.

Le serf ne pouvait être séparé du sol; il était vendu avec le champ qu'il cultivait. La mère, en faisant des enfants, travaillait pour la terre à laquelle le nouveau venu tenait, si j'ose le dire ainsi, par la racine, comme le rejeton de l'arbre. Dans un tel état de choses, l'unité sociale n'existait pas. L'esprit, les usages, les institutions, les lois, les patois locaux, tout cela était frappé à l'empreinte du caractère de chaque province, de chaque domaine : l'homme variait avec la terre. Je me figure le sol de France, en ce temps-là, comme un cerveau sur lequel la main de Gall aurait tracé des divisions organiques : à chacune de ces parties du territoire correspondait une énergie particulière, une faculté vivante. C'est de l'association de toutes ces forces dans l'unité nationale qu'est sorti le caractère français.

III

ÉMANCIPATION DES SERFS.

Ce qui contribua le plus à relever la condition des serfs, ce fut le mariage. La réhabilitation morale est la racine de tous les droits.

Les esclaves s'accouplaient : les serfs furent autorisés à conclure, du consentement de leur seigneur, des liens indissolubles. De ce jour, la qualité d'homme leur fut restituée. Il y aurait de sérieuses études à faire sur le mariage envisagé

comme instrument de l'émancipation rurale. La femme a été, dans nos campagnes, le terrain vivant de la liberté. C'est
en elle et par elle que se renversa la muraille des vieilles antipathies entre les
races. L'ingénu qui épousait une serve
s'engageait ainsi, par le fait, dans les
liens du servage, avec son pécule, à moins
que la femme ne dépendît du domaine de
l'Église ou du fisc. Ces mariages ont eu,
je n'en doute pas, une influence heureuse
sur les mœurs locales. L'homme libre
qui, pris par le cœur, descendait vers la
femme serve, loin de se sentir abaissé, se
trouvait relevé par elle, anobli dans ce
sacrifice. On a dit que c'était un mariage
sans maître, soit; mais, outre que je ne
vois pas la grande nécessité d'un maître
dans une union dont la base doit être l'é-
galité, je trouve que les sentiments de la
nature, violés, comprimés par cette loi
inique n'ont pas peu contribué à la détruire : l'amour a été plus fort que la servitude.

Les enfants d'un homme libre et d'une
femme serve étaient serfs en vertu de
cette loi : *Partus sequitur ventrem*. Le servage venait par les mères. Affranchir la

femme, c'était donc affranchir la race.

Le second degré vers l'émancipation rurale, ce fut le droit qu'obtinrent les serfs d'avoir des armes pour leur défense personnelle. Ils furent ensuite conduits à la guerre, comme soldats, par leurs maîtres. L'usage des armes rendu au paysan devait relever, à ses yeux, sa propre dignité. Avec le droit de mourir pour cette terre qu'il cultivait, il obtint celui de se regarder comme citoyen. La position des serfs mariés et armés ne pouvait déjà plus être confondue avec celle des esclaves. Ce n'étaient plus des êtres d'une nature inférieure; c'étaient des hommes d'une condition subalterne.

Cependant le mouvement social ne devait pas s'arrêter, dans les campagnes, à ces premiers essais d'affranchissement. La condition du serf se transforma dans celle du vilain. Le changement dans les mots indique un changement dans les choses. En passant à l'état de serf, l'esclave avait cessé d'appartenir corporellement au seigneur; en passant à celui de vilain, le serf n'était plus immobilisé au sol. Il était bien encore vendu, changé, donné avec le domaine; mais (distinction

essentielle, quoique subtile), les seigneurs
vendaient dans le vilain non plus la terre
elle-même avec ses dépendances ; ils vendaient les droits dus par l'homme en raison de la terre. C'était un pas vers l'affranchissement de la personne.

Tout le progrès consistait, dans les
campagnes, à détacher l'homme de la
terre et à lui donner des droits sur elle.
— Jusqu'ici c'était la terre qui avait eu
des droits sur l'homme. — Ce mouvement
devait être lent en raison des obstacles
qu'il fallait vaincre. Qui de nous n'a plus
d'une fois admiré ces farouches cariatides
de la renaissance, hommes et femmes par
la tête, arbres par les pieds ? C'est une
image de la transition des existences agricoles, enracinées au sol par les pieds,
c'est-à-dire par le fait, mais déjà libres
par la tête, c'est-à-dire par le droit.

Séparer l'homme de la terre pour le rattacher au droit, briser, si j'ose ainsi dire,
l'écorce qui le retenait dans le monde végétal, c'était un grand pas ; mais l'agriculteur ne s'aperçut guère, dans les commencements surtout, du bienfait matériel
de ce progrès. Son travail était impitoya-
blement mis à contribution. Les droits féo-

daux, acquittés par la terre, étaient payés en argent, en grains et en vins, en bestiaux et en volailles, etc... Qu'on se figure la tristesse du paysan qui se voyait tous les jours, à toute heure, enlever les fruits de son travail et de sa sollicitude. Il y a du foin dans son pré, qu'il contemple, tous les soirs, d'un œil caressant : le seigneur le fait couper pour la nourriture de ses chevaux. La belle poule ! Les joyeux canards ! Quels œufs frais ! Il faut mettre tout cela dans un panier et le porter au château. — C'était la terre qui devait et non pas l'homme ; mais c'était l'homme qui travaillait et qui payait.

Le seigneur va marier sa fille ; ce sera sans doute joie et galas dans ses domaines; hélas ! c'est un cas qui emporte le droit de taille (1) ; il faudra tondre les brebis plus court par le cou et fouler davantage le marc du pressoir.

Malgré tous ses maux, le paysan se

(1) Le nom de taille vient du symbole dont on convenait pour lever le payement : c'était un petit bâton fendu en deux parties, dont l'une restait au seigneur et l'autre au colon. En les rejoignant, on reconnaissait par les petites coupures rapprochées le nombre des sommes payées sur la totalité de l'impôt.

sentait en train de devenir un homme.
Un grand progrès pour les agriculteurs,
c'était de conquérir l'hérédité de leurs
terres. Jusqu'ici les terres qu'ils tenaient
étaient sujettes à retour vers le seigneur
en cas d'ingratitude ou d'inexactitude des
clauses du contrat. Ils aspiraient à se dé-
barrasser du lien qui les rattachait toujours à la condition servile, la main-morte.
« Le mot de main-morte, dit Coquille,
peut être tiré de ce que les Romains tenaient les serfs comme morts quant aux
fonctions publiques ou civiles, ou bien
parce que le seigneur met en sa main les
biens du serf décédé sans héritiers connus. » La condition fort tempérée des
main-mortables nous paraît contenue
tout entière dans ce mot : *Vivunt liberi,
moriuntur ut servi :* « Ils vivent libres, ils
meurent serfs. »

Chacune des conquêtes de la race agricole fut payée par elle et payée cher.
Pour chaque liberté qu'il arrachait, le
paysan laissait une partie de sa substance
dans les mains de son maître. La race des
dominateurs ne pouvant plus perpétuer
dans les mœurs et dans les choses la possession de l'homme par la terre, ne son-

gea plus qu'à mettre les libertés à un haut prix. Il était évident que le servage avait fait son temps. Des manumissions en masse annonçaient que la race conquérante allait lâcher sa proie. Quoique la distinction des personnes résidât toujours dans la qualité des terres, le mouvement tendait à dégager l'homme des liens du sol.

Enfin voici venir, en 1315, la fameuse charte de Louis le Hutin, dans laquelle il proclame ce grand principe que la liberté est de droit naturel.

Le texte même de cet acte royal suffit à réfuter l'opinion des historiens qui attribuent à l'Église l'abolition de l'esclavage. Des divers motifs que Louis le Hutin invoque à l'appui de cette grande mesure, pas un seul n'est tiré de l'ordre religieux. Faut-il dire toute notre pensée? Le plus clair de ces motifs repose sur un jeu de mots : « Considérant que notre royaume est dit et nommé le royaume des *Francs*, et voulant que la chose s'accorde vraiment avec le nom, par délibération de notre grand conseil, avons ordonné et ordonnons que généralement, par tout notre royaume, tant comme il peut appartenir à nous et à nos successeurs, telles servitudes soient ramenées à *franchise.* »

Il est permis de croire que le roi n'avait pas la conscience de la grandeur de son œuvre. Il obéissait, d'une part, à l'esprit du siècle qui réclamait l'abolition du servage, et de l'autre, à ses intérêts personnels.

L'état des finances étant mauvais, le roi voulait se créer des ressources. Il crut l'occasion excellente et la saisit. Cette liberté, qu'il déclarait lui-même, dans ses ordonnances, inhérente à la qualité d'homme, il la met (contradiction choquante !) à un prix excessif pour ceux de ses sujets qui étaient tombés dans les liens de la servitude. L'affranchissement des serfs a été prélevé sur le travail. Les rois et les seigneurs n'ont rien donné, rien accordé ; ils n'ont consulté, dans cette mesure, que leurs besoins pécuniaires ; nous ne leur devons rien. Nos pères ont fait eux-mêmes les frais de leur délivrance. Si les rois sont intervenus dans ce mouvement, ce ne fut que pour l'exploiter :—
« Sois libre, dirent-ils à cette malheureuse classe agricole, que tourmentait çà

et là le désir de l'émancipation : Sois libre, mais paye ! »

Viendra-t-on maintenant nous parler de *l'impulsion* que les rois donnèrent à la *liberté en tout genre* ? Les rois donnèrent une impulsion aux écus pour les attirer dans leur caisse, voilà tout.

Le passage des serfs à l'état d'affranchis fut pour ces derniers une ère de transition douloureuse. Pas une liberté qui n'ait été conçue et enfantée dans le sacrifice. La manumission des serfs ne fut pas plus que les communes en France un présent royal ; ce fut une conquête de l'esprit public, la juste revendication de ces anciens Gaulois que les Romains avaient foulés sous la conquête, que les Franks avaient enchaînés au sol, et qui, après des siècles, s'agitaient pour ressaisir une existence civile, pour être des personnes sur la terre des Gaules, sur cette terre qui était pour ainsi dire la chair de leur chair. Dans tout cela, où est la main de la royauté ? Je ne la vois point. Je me trompe : je la vois s'étendre pour recevoir le prix de cette émancipation qu'elle n'avait nullement provoquée, et qu'elle consentait *moyennant finance*.

IV

LES PASTOUREAUX.

Les campagnes étaient remuées depuis un siècle par une fièvre d'indépendance. — Voyez-vous ce vieil homme à barbe, au visage pâle et maigre, qui court çà et là comme l'esprit de Dieu, *flat ubi vult*. Avec un air de prophète, il prêche de village en village. A sa voix, les pâtres laissent là leurs troupeaux ; les laboureurs abandonnent leur charrue ; les bouviers quittent leur étable et le suivent. Sa bande se grossit, chemin faisant, des pauvres, des enfants, des bergers. Le *Maître* (c'est ainsi qu'on appelait le grand vieillard) se réjouissait fort de la condition de ses disciples. « Il ne fallait employer, disait-il, que de pauvres gens, afin qu'on vît le pouvoir de Dieu à confondre les puissances du monde par ce qu'il y a de plus faible. » Ce n'était ni la noblesse, ni les grands du siècle que le ciel destinait, selon lui, à réformer le monde ; c'étaient les gueux.

Selon quelques chroniqueurs le *Maître* était un Hongrois de nation, un apostat de l'ordre de Cîteaux. Son nom était Jacob. Il avait puisé, disait-on, les pernicieuses pratiques de la magie *au puits empesté de Tolède*. Alors, quiconque se détachait de l'Église était accusé d'avoir eu des rapports avec les Arabes ou les Juifs. « Jamais, s'écrie un contemporain, Mathieu Pâris, jamais, au jugement des hommes sages, depuis le temps de Mahomet, il n'a surgi un si grand fléau dans l'Église de Dieu. »

Les Pastoureaux (c'est ainsi qu'on nommait les compagnons de Jacob, parce qu'ils avaient tous, villageois ou bergers, un agneau peint sur leur bannière) étaient pour les *honnêtes gens* un objet d'épouvante et d'indignation. Les souffrances attirent les souffrances. De toute part affluaient dans la bande des Pastoureaux les bannis, les proscrits, les excommuniés, les larrons, toutes gens qu'en France on appelait *ribauds*, et que le sentiment de leurs misères rattachait à l'espoir d'un changement dans l'État. N'ayant rien à perdre que leur vie dont ils étaient las, ces hommes étaient prêts à se jeter dans toutes les aventures. Ils s'associaient aux pâtres et aux gens de la campagne, comme les brigands de grand chemin s'étaient associés jadis aux Bagaudes, dont les pastoureaux continuaient les ravages.

Ce qu'il y avait de plus clair dans ce mouvement des campagnes, c'était un esprit d'opposition au clergé. Jacob gourmandait et condamnait, dans ses discours, tous les ordres monastiques. Il traitait les religieux de vagabonds, d'hypocrites, de loups dévorants ; il leur reprochait leur passion pour l'argent et les terres, leur gloutonnerie, leur orgueil ; il s'emportait surtout contre la cour de Rome. « Le peuple, ajoute un chroniqueur, écoutait et applaudissait ces déclamations, en haine et en mépris du clergé, ce qui *était très-dangereux*. » En plus d'un endroit, les pastoureaux massacraient les ecclésiastiques.

Les campagnes avaient souffert de la domination du clergé, encore plus que les villes. Le paysan français est né frondeur. Son caractère ancien et moderne se retrouve avec une pointe de génie dans ce vigneron qui a nom Paul-Louis Courier. Alors comme maintenant le peuple n'aimait ni les clercs ni les nobles.

Les Pastoureaux ne furent point tout d'abord inquiétés. La Régente, sachant que la politique des rois de France était de profiter de tout, crut qu'il ne fallait pas gêner cette ferveur populaire. Dans le besoin où elle était d'une recrue de nouveaux croisés, elle espérait tourner ces gens-là au service du roi, qui était alors prisonnier en Terre Sainte. Ses illusions furent bien vite détrompées. Des frontières de la Flandre et de la Picardie, où les premiers essaims s'étaient ramassés, le corps d'armée s'avança jusqu'à Paris. Dans un temps où, pour avoir puissance sur les hommes, il fallait parler de la part de Dieu, le *Maître de Hongrie* se donna comme inspiré. Il exerçait les fonctions sacerdotales. Il prêchait dans les églises et remplissait le lieu saint de ses malédictions contre le clergé. A Paris, il parut dans la chaire de Saint-Eustache. Les entrailles des pauvres tressaillaient à sa voix, comme il y a dix-huit siècles, à la voix du Christ, quand il prêchait sur la montagne.

Jacob alla tomber comme un orage à Orléans, où il traîna plus de cent mille hommes. L'évêque Guillaume de Bussy fulmina des excommunications contre ceux qui l'iraient entendre, raison de plus pour qu'on y courût en foule. Un des gens de la ville qui assistait à son sermon osa lui reprocher de séduire le peuple ; un de ses disciples répondit par un coup de hache qui fut comme le signal du massacre des prêtres et des moines.

Des *libertins* de toute espèce et de toute condition, disent les historiens ecclésiastiques, s'étaient joints aux paysans et les poussaient à toutes les violences. Par ce mot de *libertins*, il ne faudrait pas entendre des hommes perdus de mœurs. Les libertins, dans le langage de Bossuet et des écrivains sacrés, ont le même sens à peu près que le mot moderne de *libéraux*. On entendait par là les esprits forts, les insoumis, les raisonneurs, tous ceux qui, au nom de la nature, réclamaient des libertés civiles ou religieuses, la liberté de conscience, la liberté d'examen, la liberté d'action politique.

Les bandits (c'est ainsi que les nobles et les prêtres désignaient les soldats de Jacob) s'avancèrent jusqu'à Bourges. Un mysticisme sauvage et brutal les emplissait d'une grande audace. Ils se croyaient envoyés de Dieu pour réformer le monde.

La Régente, détrompée, voyant que ces hommes ne travaillaient point pour le roi, connut à *quels scélérats* elle avait affaire, et manda partout de leur courir sus. Les gentilshommes du Berry les attendirent entre Mortemer et Villeneuve, sur le Cher. Une rencontre furieuse mêla les deux armées dans un vaste champ de carnage. Le glaive des nobles s'enivra du sang de cette *canaille*. Jacob fut assommé dans une attaque par un boucher. Cette nouvelle devint le signal d'une immense défaite. Le prestige s'était évanoui avec la mort du chef. Ses gens furent poursuivis : les plus timides, ceux qui ne restèrent point couchés sur le champ de bataille, tombèrent entre les mains des gens de justice, qui *les traitèrent en voleurs et en délivrèrent le public par les lois.* On en pendit à Marseille, à Aigues-Mortes, à Bordeaux, et ailleurs.

Un historien ecclésiastique fait observer que, *par la protection du ciel*, il ne se trouva, dans ce moment, en France ni aux environs, aucun ennemi déclaré du roi, aucun vassal mécontent, pour se mettre à la tête de cette troupe et pour en rallier les débris, tant ces hommes inspiraient de dégoût. Ce fait très-remarquable me rappelle celui de Catilina, qui aima mieux périr que d'armer les esclaves et de les rattacher à sa cause.

Le mouvement des Pastoureaux fut, comme celui des Bagaudes, une protestation des campagnes contre le triste état de choses que l'invasion leur avait fait subir. Opprimés, ils mêlèrent Dieu à leur cause et à leurs violences. Au nom de l'Agneau, dont ils avaient consacré sur leur bannière la douce et poétique image, ils réclamaient contre les loups de l'Église, contre ces *dévorateurs de viandes*, qui, sous une robe de prêtre, mangeaient le troupeau de Jésus-Christ.

Le mouvement des Pastoureaux sortit au moyen âge d'une idée chrétienne, de l'idée que le monde doit être régénéré par les humbles et par les faibles, par les gens de basse condition, par les pauvres et les méprisés, en un mot, par la *sainte canaille*. Jacob, leur chef, s'enivra de cette idée jusqu'au délire, jusqu'à l'extase. Ainsi disparut cet homme extraordinaire, dont on ne sait rien ou presque rien, qui a passé sur son siècle comme un météore, comme une épée de feu; qui, groupant autour de lui toutes les misères vivantes, avait fait

une armée; qui voulait renouveler le sa-
cerdoce, l'autorité, la justice. Ses desseins
sont restés un mystère pour l'histoire.
Mais, au ton de colère dont s'expriment,
sur son compte, les écrivains de l'Église,
au titre d'apostat qu'ils lui jettent, je dé-
couvre que ce Jacob a eu le tort irrépara-
ble, à leurs yeux, d'aimer les paysans et de
s'intéresser à leur triste condition sociale.

Au bêlement des campagnes on répondit par un massacre. L'insurrection fut
étouffée; mais les causes de l'agitation
subsistèrent. Ces causes, il faut les chercher dans l'état de la population rurale.
« La condition de serf, dit M. Leymarie,
était assez dure pour que le père vendît
ses enfants, le mari sa femme, pour que le
fils tuât ses parents. » — (*Histoire des
paysans.*)

V

LES PAYSANS AFFRANCHIS. — LEURS
TRIBULATIONS.

L'affranchissement des serfs, pas plus
que la création des communes, n'a été

l'œuvre d'une pensée individuelle. Louis le Hutin n'a fait qu'obéir, comme Louis le Gros, à une tendance générale, invincible. Le passage de la servitude à la liberté fut marqué par une transition, par des degrés.

Du temps de saint Louis, l'Official de Paris et les Officiaux des archidiacres de Notre-Dame publièrent l'acte d'affranchissement que voici : « Nous déclarons que les personnes ci-dessus nommées ont reconnu, de leur plein gré, en notre présence, et avoué que le vénérable Renaud, par la grâce de Dieu évêque de Paris, avait affranchi de tout joug de servitude et de main-morte, tant eux et leurs femmes que leurs héritiers vivants et à venir, mais à certaines conditions insérées dans l'acte, *sans dessein de blesser leur liberté.* » Ces derniers mots me rappellent la bonne foi d'un homme d'État de nos jours, qui, apportant à la tribune un projet de loi contre les clubs, contre les réunions électorales, contre les banquets, terminait en protestant qu'il n'avait *nullement* le dessein de blesser la liberté de réunion. — Ces *conditions,* qui ne *devaient point blesser la liberté* des serfs, étaient que l'évêque se réservait sur eux les cens, les corvées, les décimes et autres redevances, surtout la taille arbitraire (1).

Les serfs, affranchis à de telles conditions, étaient tenus à tant de charges, que leur nouvel état n'était encore qu'une demi-liberté. Je ne parle pas du prix de l'affranchissement, qui s'élevait quelquefois à une très-forte somme d'argent.

Plus tard, les paysans à moitié libres se remuèrent afin de borner, par des contrats, la taille à volonté, cette trace alors récente et visible de la servitude. Ils passaient avec les évêques et les seigneurs des contrats dits d'*abonnement*, du vieux mot *bonne*, qui signifiait *borne* (2). Par ces transactions, la taille arbitraire se trouvait réduite et limitée. On s'étonne de trouver la borne, le dieu Terme, appliquée à un acte qui, en définitive, fut un acte de progrès. Tout ce qu'on peut dire, c'est que, depuis l'origine du mot, la situation respective des choses a changé : alors le parti du mouvement en était réduit à

(1) C'était une espèce de tribut que les habitants payaient au seigneur du lieu et qu'il déterminait selon son bon plaisir.

(2) Comme si l'on eût dit abornement.

mettre des bornes à la tyrannie féodale ; aujourd'hui le parti de la résistance en est réduit à mettre des bornes à la liberté.

Ces abonnements devinrent fort communs pour rendre la liberté entière et complète. Il est dit, dans un acte, que le feu évêque Renaud, ayant retenu le droit de taille à volonté sur les affranchis, les habitants demandèrent pour eux et pour leur postérité l'abonnement, afin de se libérer tout à fait. A force d'instances, ils obtinrent de racheter ce droit sur le pied de soixante livres parisis de rente, payables en deux termes, à la Saint-Remy et à la Saint-André. Ce que l'Église lâchait d'une main, elle le retenait de l'autre : il fut stipulé que l'évêque Étienne et ses successeurs pourraient, outre cette somme annuelle, exiger cinquante livres parisis dans le cas où il serait question d'armée ou de cavalcade pour suivre le roi. Ces actes font mention du serment prêté par les intéressés en touchant les saints Évangiles.

Les mots ont, dans l'histoire, si j'ose ainsi dire, une vertu sacramentelle. C'est par le contrat d'abonnement passé entre le paysan et le seigneur que s'opéra, dans

les campagnes, la révolution du servage ;
c'est par l'abonnement aux feuilles publiques et aux journaux que se fit en 89,
en 1830, en 1848, la révolution politique.

Si faible que fût la part de la royauté
dans un acte qui relevait, avant tout, de
l'opinion publique et de la force même
des choses, cette part ne revient pas même
à Louis le Hutin, mais à la reine Blanche.

« La reine Blanche, dit un historien,
pour ce qu'elle avait pitié des gens qui ainsi
étaient serfs, ordonna, en plusieurs lieux,
que ces gens fussent affranchis, moyennant autres droits et seigneuries, que les
seigneurs prendraient sur leurs hommes
et femmes de corps : » Elle en agit ainsi
« en partie, pour la pitié qu'elle avait de
plusieurs belles filles à marier que on laissait à prendre pour leur servitude, et en
estaient plusieurs gastées. » Cette pitié,
cet intérêt qui descend de la femme à la
femme a certes un caractère touchant.
Partout ce sont les droits de la nature mé-
connus, violés, qui ont jugé, condamné,
détruit les mauvaises institutions politiques. Un de ces droits, pour tous, c'est
d'aimer et d'être aimé. Malheur aux lois et
aux institutions humaines qui tiennent ce

droit en souffrance ! Les servitudes ap-
puyées sur ce qu'il y a, en apparence, de
plus fort (le pouvoir, les finances, les armées) tombent devant ce qu'il y a de plus
faible, le cœur de la femme.

La liberté, nous l'avons vu, s'obtenait
par une aggravation de charges ; mais enfin c'était la liberté. Beaucoup de serfs (je
parle surtout de ceux qui appartenaient à
l'Église) étaient peut-être plus heureux
dans l'état de dépendance que dans l'état
d'affranchissement. Propriété de la terre,
la terre était obligée de les nourrir, et dans
beaucoup de lieux elle les nourrissait
grassement. Au commencement, la manumission, si désirée par les uns, entrevue
par les autres avec indifférence, redoutée
même par un petit nombre de serfs comme
un bienfait onéreux, ne fut pour aucun un
accroissement de bien-être, mais pour
tous un accroissement de dignité humaine.
Entre le serf, si bien nourri qu'on le sup-
pose, si heureux qu'il fût (et la chose était
rare), entre le serf du fisc ou de l'Église
et l'affranchi, surchargé de tailles, de
corvées et de toutes sortes de redevances,
il y a une différence, qui est l'intervalle
d'un monde à un autre monde. Cette dif-

férence, qui est un abîme, je la trouve indiquée dans la fable : *Le Loup et le Chien.*

> Chemin faisant, il vit le col du chien pelé :
> Qu'est cela? lui dit-il.—Rien.—Quoi, rien?—Peu de chose.
> —Mais encor? — Le collier dont je suis attaché
> De ce que vous voyez est peut-être la cause.
> — Attaché! dit le loup...

Tout est là. Depuis des siècles la servitude cherche à tenter l'ouvrier de la terre par les mêmes arguments : — « Mais tu n'as que les os et la peau, mon frère! Vois au contraire mon embonpoint. Il ne tiendrait pourtant qu'à toi d'être aussi gras que je le suis. Pour cela, que te manque-t-il? Il te faudrait quitter les bois, la vie rustique et l'humeur sauvage. Il te faudrait (peu de chose!) *flatter ceux du logis,* tu recevrais alors de beaux salaires. A tous ces magiques arguments, il n'y a vraiment qu'un défaut, c'est le cou pelé de la bête. *Attaché! dit le loup...*O fabuliste, tu as prononcé le dernier mot de la Révolution française!

Toutes les langues ont consacré les liens d'analogie qui existent dans la nature entre l'esclave et l'enfant, *puer* (1). L'un et

---

(1) Il est resté une trace de cela, c'est le mot *garçon,*

l'autre sont mineurs, *minores personæ*; l'un et l'autre vivent sous l'injurieuse tutelle d'un maître.

Tant que les choses sont dans cet état, je veux dire tant que les conditions de minorité sont pour ainsi dire écrites dans les organes d'une race, on peut, à l'aide de lois et d'institutions détestables, la retenir dans l'esclavage. Mais il y a pour les races un âge de majorité sociale. Quand cet âge est accompli, les liens factices et violents dont le privilége se servait pour retenir l'homme, éclatent sous la force croissante du progrès. C'est ce qui arriva en France du commencement du treizième siècle à la moitié du quatorzième. Partout la race agricole, la race gauloise, maintenue depuis des siècles à l'état d'enfance, était atteinte par les symptômes d'un développement fatal, naturel; qu'on le voulût ou non, il fallait qu'elle rentrât dans la libre disposition d'elle-même.

Il ne faut point confondre l'invasion franke avec la conquête romaine. Les Ro-

dont on se sert chez les restaurants et dans les cafés pour désigner l'homme de service. Cette trace, la révolution de 1848 l'avait effacée dans les associations fraternelles.

mains s'étaient rués sur les Gaules, comme ils se précipitaient sur tous les peuples de la terre; leur but était d'incorporer à Rome la nation vaincue. Les Franks étaient poussés par un bien autre motif; ils venaient non conquérir mais envahir. Ils en voulaient à la terre; ils accouraient s'établir sur elle comme sur une proie. On vit alors ce qu'on n'avait pas vu dans l'histoire depuis les temps les plus anciens, une race dont les droits furent violemment supprimés. Les Gaulois rentrèrent sous terre. Eux, les premiers occupants du sol, il leur fallut disparaître dans leurs marais comme des grenouilles. La veille, il y avait un peuple, un grand peuple ; le lendemain il n'y avait plus que des esclaves. La vieille race celtique avait passé sous la main du maître avec les troupeaux et les autres instruments de travail. C'est contre cette brutale confiscation de l'homme par la conquête et par la terre que protestait au treizième siècle le mouvement aboli-tioniste. La revendication des campagnes suivit la revendication des villes.

L'affranchissement des serfs dans les domaines seigneuriaux rencontra les mêmes obstacles, les mêmes adversaires.

les mêmes ennemis que l'émancipation des bourgeois dans les cités. Cette mesure froissait des intérêts puissants. Si intolérable en droit, si odieux en fait que fût le servage, il était passé dans les mœurs. L'usage était autorisé, et, comme tel, il avait pour partisans, outre tous ceux qui en jouissaient, cette espèce de gens si nombreux qui partout défendent tout ce qui existe. Les services qu'on tirait des serfs et les obligations attachées à leur personne étaient un objet important de revenu pour quantité de corps ecclésiastiques et d'ordres religieux. C'était une richesse. On vendait et on achetait les hommes avec les terres ; or, tous ceux qui avaient acquis des serfs par de semblables contrats, étaient intéressés à combattre une mesure qui, à leur point de vue, devait les dépouiller. Les partisans de l'affranchissement des serfs étaient alors de véritables ennemis de la propriété. Ils attaquaient des droits acquis. Socialistes, ils le furent au même point de vue, sinon au même degré que ceux qui veulent aujourd'hui soustraire le travailleur au servage des machines et des instruments de travail. Affranchir l'homme de la terre, c'était prendre l'obligation de l'affranchir plus tard du capital.

Quoique les serfs qui changeaient ainsi d'état payassent assez chèrement leur liberté, ils ne la regardaient pas moins comme un bienfait inestimable. « Il était passé en style, dit un historien, que c'était en vue de la miséricorde divine qu'elle leur était accordée. Cela mettait une disproportion si énorme entre le citoyen libre et l'habitant de la ville ou de la campagne qui ne l'était pas, que le pouvoir d'affranchir une personne servile paraissait en quelque sorte une participation de la puissance de Dieu même. »

VI

DES CONDITIONS AUXQUELLES S'OBTENAIT LA LIBERTÉ.

Il y avait deux espèces de manumission (1), l'une *directe*, c'est-à-dire pleine et entière, l'autre *conditionnelle*.

(1) La manumission était l'acte en vertu duquel le maî-

La manumission directe avait pour effet de donner la liberté sans restriction. Malculfe nous a conservé une formule de ce genre d'affranchissement, la voici : « Toi qui jusqu'à ce jour faisais partie de notre *famille*, nous te dégageons, à dater d'aujourd'hui, de tout lien de servitude, de sorte que, dorénavant, comme si tu étais né de parents ingénus, tu mènes une vie ingénue. A nul de nos héritiers, ni à quiconque, tu ne dois désormais hommage, en qualité d'affranchi, si ce n'est à Dieu seul auquel tout est soumis. L'argent que tu as ou que tu pourras gagner dans la suite par ton travail, est à toi. »

Un des effets principaux de la manumission directe, était la liberté donnée à l'affranchi d'aller où bon lui semblait. Cette liberté de locomotion était extrêmement recherchée du serf, l'homme enraciné à la glèbe. On s'aperçoit du prix qu'il y attachait par l'emphase que mettaient les chartes d'affranchissement à ouvrir devant l'affranchi les quatre voies de l'o-

---

tre donnait la liberté à son esclave, *manu mittere*. Tant que quelqu'un est en servitude, dit Ducange, il est soumis à la main et au pouvoir de son maître. Lorsqu'il est affranchi, il est délivré de ce pouvoir et de cette main.

rient et de l'occident, du septentrion et
du midi : *de quatuor viis ubi volueris ambu-
lare liberam habes potestatem.* Le droit de
se transporter et de s'établir où l'on veut,
ce droit qui nous paraît aujourd'hui si simple, si élémentaire, a été, pendant des siècles, le privilége d'un petit nombre d'hommes. Ne plus tenir à la terre, ne plus être
pris par les pieds, c'était la liberté qui
souriait le plus à l'affranchi, et qu'il obtenait rarement. Vous n'êtes pas sans avoir
vu, dans notre musée national, ces statues
égyptiennes qui nous révèlent les premiers
âges de la civilisation. Les plus anciennes
figures ont les pieds enveloppés dans le
repos et dans l'immobilité. Peu à peu, à
mesure qu'on avance dans le temps, les
jambes se détachent, l'homme fait un pas.
C'est une image de ce qui est arrivé en
France, pour ce peuple de serfs, qui est
le seul et véritable ancêtre du paysan
français. Il a eu les pieds tenus dans les
langes de la terre, durant des siècles.
Puis un jour, comme l'enfant qui s'es-
saye à marcher, il a levé une jambe. —
Combien a-t-il fait de chemin depuis ce
temps-là !

L'affranchissement direct était une ré-

mission pleine et entière du péché ori-
ginel de la servitude. Voici une formule
que nous choisissons entre d'autres, et
dont nous engageons le lecteur à mé-
diter les termes : « Comme toute puissance vient de Dieu, et que celui qui résiste à la puissance résiste à l'ordre de
Dieu, lequel, par une suprême et admira-
ble disposition des choses, a institué sur
terre les rois, les ducs et les autres seigneurs féodaux, de telle manière que la
puissance moindre obéisse à la puissance
supérieure : parmi les hommes, il a voulu
que les uns fussent serfs, les autres seigneurs, de sorte que les seigneurs vénèrent Dieu, et que les serfs vénèrent leurs
seigneurs, selon ce précepte de l'Apôtre :
« Serfs, obéissez à vos seigneurs charnels
avec crainte et tremblement. » Et aux seigneurs : Seigneurs, faites à vos serfs ce qui
est juste et raisonnable ; remettez-leur les
fautes qu'ils commettent ; car vous aussi,
vous avez un Seigneur dans le ciel. Si lui,
qui domine sur vous et sur eux, lui, qui est
le Roi et le Seigneur de tous, la forme et le
miroir de tout bien, a daigné subir pour
nous le joug de la servitude, afin de nous
délivrer de la malédiction, de la loi et de la

servitude du diable, et de nous mettre en participation de son ineffable liberté, donc moi, pour la rédemption de mon âme et pour la récompense de l'éternelle béatitude, j'absous de toute servitude *un tel*, serf de mon domaine, et tout son bien, afin qu'à l'avenir il vive en sûreté, maître de lui-même, qu'il aille où il voudra et qu'il ne doive plus aucun hommage de servitude, si ce n'est à Dieu, pour l'amour duquel je l'affranchis (1). »

Suivez la théorie de cette formule, elle en vaut la peine: — La servitude est d'institution divine; Dieu lui-même s'est fait serf pour l'utilité du genre humain; si donc j'affranchis un de mes gens, c'est en vue du salut de mon âme et par pure miséricorde; il en résulte que cet acte, loin de porter atteinte au principe de la servitude, le confirme et le consacre en droit. Je fais une bonne œuvre, je ne répare pas une injustice.

Tout en abdiquant, le seigneur ne voulait pas, au treizième siècle, reconnaître

(1) Ducange. Ce n'est point sans intention que je traduis ici ces formules. L'histoire, c'est-à-dire le sentiment vrai des choses, n'est que dans les sources. Dieu nous préserve des ouvrages de seconde main!

l'iniquité de son privilége ; il prétendait, au contraire, s'arroger un droit nouveau sur ses sujets, celui de les élever à la dignité d'hommes. On voit d'ici la différence qui existe entre les réformes du moyen âge et celles des temps modernes.

Quand la Révolution de 89 détruit un abus, ce n'est pas cet abus seul qu'elle attaque, c'est la racine sur laquelle l'abus a pris naissance. Avant de démolir l'édifice féodal, la Constitution déclare la base de cet édifice mauvaise, ruineuse, abominable. Non-seulement elle abat, mais (chose bien plus grave !) elle flétrit les institutions sur lesquelles sa main va porter le marteau. C'est tout le contraire au moyen âge. L'Église affranchit les serfs, mais elle ne condamne pas la servitude. Du treizième au quatorzième siècle, il y eut une révolution dans les choses, non dans le droit. Cette distinction n'est pas indifférente : les abus qu'on supprime en fait, sans les convaincre d'injustice, tendent à se perpétuer ou à renaître sous une autre forme, tandis que l'anathème moral rend le retour de ces abus impossible.

Le maître féodal était censé tenir de

Dieu le pouvoir de créer des hommes. Il usait de ce pouvoir à sa volonté.

La servitude était considérée comme une dette que le serf avait contractée en naissant envers son seigneur. Lui remettre cette dette, le seigneur le pouvait, mais alors c'était de sa part un acte de pure libéralité.

« Jésus-Christ, dit une autre formule, désirant d'un amour paternel le salut du genre humain, entre autres préceptes, nous a donné celui d'absoudre les débiteurs de leurs dettes, afin que nous puissions, par là, obtenir plus aisément grâce devant le Juge suprême. » Le seigneur, ou, pour mieux dire, la terre seigneuriale avait une créance sur le serf, — sur son âme, sur sa chair ; — il fallait ou que le serf s'acquittât lui-même de cette obligation ou que la bonne volonté du maître l'en délivrât.

Un autre effet de la manumission directe était de conférer à l'affranchi le droit de posséder. Le serf était, comme nous l'avons dit, incapable de rien avoir ; pour posséder, il faut s'appartenir à soi-même et le serf appartenait à la terre ; il faut être une personne, et le serf était un instrument de travail. L'esclave était la propriété mobilière de son maître ; le serf faisait partie de la propriété immobilière ; l'un et l'autre pouvaient recevoir, retenir, prendre, mais posséder, non. Les chartes d'affranchissement absolu communiquent aux serfs le droit tout nouveau pour eux « de posséder leur avoir : *habere suum possideat...* »

Étrange et sinistre abîme de méditation, quand on songe que le droit naturel de tous, celui de regarder comme sien le fruit de son travail, ou, du moins, une partie de ce fruit, a été solennellement refusé aux trois quarts de la nation par tout ce qu'il y avait alors de respectable et de plus respecté, par l'Église, par la magistrature, par les lois ; quand on songe qu'il a fallu des siècles, des mouvements dans les campagnes et une réforme historique pour restituer au travailleur non le droit (il s'en faut de beaucoup), mais l'apparence du droit, non la jouissance de ce que l'ouvrier agricole produisait par son travail, mais la simple satisfaction de se dire : Ceci est à moi !

La liberté est inséparable du droit de propriété ; mais ce n'était pas tout que de donner au serf, à l'ouvrier de la terre, ce droit de posséder, il fallait encore lui en donner le moyen : autrement la réforme à laquelle Louis le Hutin attacha son nom, quoique moralement grande, ne devait être et ne fut, en effet, qu'un acte inefficace. Le serf n'échappa avec tant de peine à la terre que pour tomber sous d'autres dépendances. Libre, l'ouvrier des campagnes ne le fut pas, il ne pouvait l'être. On n'affranchit les hommes qu'en les remettant en possession pleine et entière des fruits de leur travail. Or le travail des anciens serfs continua d'être dévoré, dans leur nouvelle condition, par les loups de la conquête.

VII

DE LA CONDUITE DE L'ÉGLISE ET DES SEIGNEURS FÉODAUX ENVERS LES ANCIENS SERFS.

La manumission directe était surtout accordée aux serfs qui devaient entrer dans le clergé. C'est en signe de leur affranchissement et de leur entrée au service de

l'Église qu'un chanoine leur tonsurait solennellement la tête. Par la constitution
de Charlemagne, un serf ne pouvait devenir clerc sans la permission du seigneur
dont sa liberté dépendait. Cette règle se
fondait sur le *respect pour la cléricature et
sur l'équité pour les droits des seigneurs*. On
voit à quel point l'Église reconnaissait et
approuvait la possession de l'homme par
la terre.

En 1241, un serf de l'abbaye de Saint-
Maur avait surpris les ordres sacrés. L'é-
vêque, instruit de sa condition, le déposa
et le contraignit de se remettre sous la
puissance de son abbé. Si, d'un autre côté,
le clergé favorisa les manumissions, ce fut
surtout pour procurer des sujets à l'Église
et aux monastères. Il consulta dans l'affranchissement des serfs les intérêts du
culte. La plupart, en effet, des serfs qui
recouvraient la libre disposition de leur
personne, n'avaient rien de mieux à faire
que de s'engager dans l'Église, qui les
nourrissait et dont ils augmentaient la
prospérité par leurs services.

L'autre espèce de manumission était
fort différente de celle qui s'intitulait *directe*, elle avait lieu sous *condition* : la

main du maître s'ouvrait ; mais, tout en s'ouvrant, elle retenait quelque chose de sa proie. Le plus souvent elle retenait quelques-unes des charges qui étaient attachées à la personne du serf. Les affranchis redevaient quelquefois un mois de servitude par an au monastère ou au seigneur qui les avait mis en liberté. D'autres étaient obligés de demeurer sous la tutelle des terres auxquelles ils avaient appartenu, de leur rendre encore certains hommages et de leur donner des journées de travail. Il y avait aussi des actes d'affranchissement qui stipulaient des conditions comme celle-ci : « Je veux qu'un tel me serve tant que je vivrai ; mais après ma mort, s'il arrive à me survivre, je consens qu'il soit libre, à la charge par lui d'entretenir chaque année mon sépulcre de cierges. »

La manumission était encore subordonnée aux changements d'état : « Je fais savoir à tous présents et futurs, qu'en vue de la rémission de mes péchés (ces actes de libéralité invoquent presque toujours des motifs égoïstes) j'ai affranchi Guillaume, fils de Robert de la Curt, s'il se fait clerc et qu'il s'y tienne ; si au contraire il ne veut pas être clerc, qu'il retombe dans l'état de servitude.» On pense bien que l'Église encourageait de son mieux ces formules d'émancipation conditionnelle. Je ne sais si procurer aux serfs cette délivrance incomplète, c'était beaucoup servir la cause de la liberté politique; mais, à coup sûr, ce n'était point venir en aide à la liberté des vocations, ni à la liberté de conscience.

D'autres fois la condition imposée à l'affranchissement avait pour conséquence de limiter le droit d'héritage, en prolongeant les effets de la main-morte. Il y avait des cas où ces conventions étaient si dures qu'une telle liberté ne différait pas beaucoup de la servitude.

Un monastère signa le contrat suivant : «La postérité saura que le seigneur Abbé et les frères ont affranchi et tonsuré un serf de Saint-Martin, nommé Radulfe, à cette condition qu'il ne passe jamais du service de Saint-Martin à celui d'autres frères, mais qu'il soit soumis comme devant aux moines pour tous les travaux domestiques. S'il se soustrait audit monastère, qu'il soit recherché comme fugitif et réclamé comme serf, où qu'il soit. En outre, qu'il se conduise chastement et qu'il garde la continence. S'il est promu aux ordres ecclésiastiques, qu'il ne s'accouple jamais à une femme, attiré par une honteuse passion, comme tant d'autres qui, d'un front perdu, s'unissent contre le droit à des épouses sacriléges, quelquefois même à des femmes adultères. Si pourtant, quoique clerc, il épouse une seule femme, les fruits de ce mariage, dans le cas où il aurait des enfants, avec toute leur postérité, seront attachés à la servitude de Saint-Martin, et astreints à l'état de leur père avant qu'il eût reçu la cléricature. »

La postérité ne saurait vraiment tenir grand compte aux frères de Saint-Martin de leur générosité chrétienne ; ce qu'ils donnaient était, en résumé, si peu de chose qu'ils auraient pu se dispenser d'en faire bruit. La manumission conditionnelle est en quelque sorte le germe et l'origine politique des libertés restreintes, les plus sottes, les plus outrageantes et les plus hypocrites de toutes les tyrannies.

Le résultat en effet de ces affranchissements imparfaits fut que si le nom de servitude était aboli, la servitude elle-même se trouvait accrue. Ce fut au point que pour éteindre les dures conditions de travail attachées aux manumissions, il fallut dans la suite des manumissions nouvelles. De cet ordre sont les manumissions de ces gens qu'on appelait *hommes de corps ou de tête*, ou encore *capitaux*. Ils étaient tenus de payer de leur corps des services au seigneur (d'où leur nom); ces services consistaient en ouvrages manuels et en corvées; ils devaient en outre par tête un cens, ou un *capital*, chaque année. Ces hommes étaient si bien attachés à la glèbe qu'ils ne pouvaient, comme nous l'avons dit, ni s'éloigner d'elle, ni contracter de mariage sans consulter leurs seigneurs. La seule différence qui les séparait de la condition des serfs, c'est qu'ils étaient admis quelquefois en témoignage contre les hommes libres.

Cette liberté incomplète se maintint longtemps encore chez nos ancêtres, jusqu'à ce qu'elle fut abolie à son tour par les seigneurs eux-mêmes, — soit, dit Ducange, qu'ils fussent touchés d'un sentiment de miséricorde et de pitié, soit, comme il est plus probable, par intérêt; car ils se faisaient donner beaucoup d'argent par ceux

auxquels ils accordaient la liberté entière.

Il y eut alors des manumissions géné-
rales qui affranchissaient les habitants des
campagnes du dernier nœud de la servitude.

Nos rois (c'est encore Ducange qui parle),
non tant par clémence qu'en vue du gain,
la nécessité des choses, et le mauvais état
de leurs finances les poussant, accordèrent
la liberté à tous leurs sujets qui étaient
encore en servitude et qui pouvaient leur
offrir une indemnité. L'argent fut partout
et toujours l'intermédiaire de cette trans-
action, *mediante pecuniâ*. Les rois ne donnèrent point la liberté aux serfs de leur
domaine, ils la vendirent.

Dans une autre lettre, Louis le Hutin
recommande à ses commissaires, s'il se
rencontre des serfs qui ne veuillent point
être affranchis, de faire une enquête sur
leurs ressources et d'exiger d'eux des sub-
sides en conséquence. On ne saurait
avouer plus clairement que la liberté des
serfs n'était point l'objet de la mesure
royale; ce que le roi voulait, c'était de
l'argent. Un assez grand nombre de serfs
résistaient en effet à l'affranchissement,

les uns par insouciance, les autres par
crainte de la liberté (1).

Il ne faut pas croire que si les serfs té-
moignaient de l'indifférence pour l'affranchissement, c'est que la servitude était un
état tolérable. D'authentiques monuments
nous apprennent que ces malheureux
étaient traités fort durement. La conduite
qu'on tenait vis-à-vis d'eux était d'ailleurs
une violation perpétuelle des droits de
l'humanité. On les vendait en masse
comme des troupeaux. Un seigneur bail-
lait à un autre seigneur les serfs et les
serves qu'il avait sur ses terres avec toute
leur progéniture, et avec la grossesse des
femmes pleines. Les hommes et les femmes
exposés en vente portaient un rameau sur
la tête. J'ai vu (qui le croirait?) une trace
de cette servitude à Chazelet, dans le
Berry. Le jour de la Saint-Jean, les filles
qui sont à louer pour l'année, se promènent
sur la place avec une branche d'arbre.

(1) Ainsi que tous les autres biens, la liberté a besoin
d'être connue pour être aimée. Ne dites donc jamais : Ces
réformes, que vous demandez avec tant d'instance et de
zèle, les masses ne les réclament pas. — Si les masses ne
réclament pas, le droit, la justice, la raison réclament pour
elles, et cela doit vous suffire.

On ne s'étonnera plus ensuite que la plupart des chartes d'affranchissement commencent ainsi : « Nous enlevons l'opprobre de la servitude attaché à... » Un des caractères de cette dégradation, était que le serf n'avait et ne pouvait avoir de volonté. Il dépendait souverainement et absolument de son maître. Aussi, l'un des effets de la manumission était-il de lui restituer l'usage de son libre arbitre. « Je veux que vous puissiez faire ce que vous voulez. »

On comprend qu'un acte si important, un acte qui avait pour conséquence de remettre l'homme en possession de lui-même, dût revêtir un caractère solennel. La charte de manumission était posée sur la tête de l'affranchi pour que sa liberté éclatât, si l'on peut ainsi dire, à tous les yeux. Souvent le prêtre était appelé à confirmer l'affranchissement par l'imposition des mains. Il y avait des provinces où il était d'usage d'affranchir les serfs devant témoins, en présence du corps d'un défunt. La plupart des manumissions ecclésiastiques avaient lieu dans les églises. Le prêtre conduisait trois fois autour de l'autel l'affranchi, qui tenait un cierge à la main. Les charges et les conditions de l'affranchissement variaient avec les coutumes locales. « Nous voulons, dit une charte, et c'est la principale charge que nous imposons en retour de la liberté accordée par nous, nous voulons que de chaque vingt et une gerbes qui seront cueillies sur notre terre, même de chaque onze gerbes, s'il n'y en a pas plus de onze dans le champ, nous ayons une gerbe qui sera choisie par nous, et qui sera portée à notre grange par le cultivateur du champ : cette gerbe sera appelée la gerbe de liberté… » Singulière dérision ! cette gerbe était au contraire le dernier lien d'une servitude rompue.

De ces faits, et de mille autres que nous passons sous silence, il résulte que l'affranchissement n'a presque jamais été gratuit; le seigneur se réservait, en échange des droits qu'il restituait aux serfs, ou de l'argent ou des charges équivalentes. S'il s'est rencontré dans ce temps-là un gentilhomme qui, mû par des sentiments désintéressés, ait rendu la liberté à ses paysans, et n'ait rien exigé d'eux, en retour de cette liberté, je l'ignore; mais je déclare que ce seigneur était une exception, *rara avis* : un dahlia bleu.

Je ne m'arrêterai point à exposer les incalculables conséquences de cette mesure : l'affranchissement ou pour parler plus exactement, le rachat des serfs. Ce qui est certain, c'est que les grandes abbayes, les seigneurs, et la couronne elle-même, n'eurent point à se repentir d'une réforme dont les suites, loin de leur être désavantageuses, devinrent au contraire l'origine de plusieurs établissements et de revenus considérables. Je ne citerai qu'un fait : Le faubourg Saint-Germain, cette ville de l'aristocratie, est sorti (qui le croirait?) des fondations que jetèrent sur la rive gauche de la Seine, quelques familles affranchies.

VIII

LES CROISADES ET LEUR INFLUENCE DANS LES CAMPAGNES.

Les considérations financières ont dominé cette grande mesure, l'affranchissement des serfs. Elles ne sont pas les seules qui aient influé sur les conseils de la couronne et sur la résolution des seigneurs. Les villes étaient plus tourmentées de l'esprit nouveau que les campagnes; mais les campagnes elles-mêmes commençaient à être atteintes par un besoin de liberté. Le joug de la conquête pesait aux larges épaules de la race agricole. Le mouvement des campagnes avait été imprimé par celui des croisades. Cette grande aventure religieuse avait tourné contre le but que les prêtres s'étaient proposé d'atteindre. Quelques écrivains ont exercé leur critique sur les croisades; il y avait matière. Je ne les suivrai point sur ce terrain. Il me suffira de dire que, tout en faisant une large part au fanatisme, au ridicule, à la supercherie, je ne puis méconnaître les services que ces expéditions rendirent aux paysans. En leur mettant les armes à la main, et en les dégageant de la terre qui les avait absorbés jusquelà, les croisades préparèrent, à l'insu des prêtres et des seigneurs, l'affranchissement des serfs. Les frais de cette guerre lointaine épuisèrent les ressources du trésor royal, et rendirent ainsi nécessaire la crise qui valut aux habitants des campagnes leur liberté. Et puis, le caractère français, ou pour mieux dire, le caractère gaulois (car le mouvement des croisades fut tout populaire), se révéla dans cette entreprise religieuse et chevaleresque. L'impulsion de notre race est de couvrir de son aile tout ce qui ne peut se défendre par soi-même. Nos plus grandes et nos plus périlleuses campagnes ont eu pour objet d'exercer notre protection, notre tutelle. Au prix de notre sang, nous avons été chercher de temps en temps au delà des terres et des mers le droit de réparer une injustice.

L'expédition des croisades correspond dans les temps modernes à la guerre de Troie. Ainsi qu'avec Homère, le chantre de l'*Iliade*, nous sortons de la poésie lyrique et sacrée pour entrer dans la poésie profane; de même les croisades commencent l'ère de la chevalerie et des troubadours. La caste militaire succède à la caste sacerdotale. Cette évolution épique, je la retrouve dans toutes les sociétés, et celle du moyen âge recommençait, sous ce rapport, l'histoire du genre humain. La forme inspirée, dogmatique, fut remplacée par l'action. A dater des croisades, le sentiment national se développe. Je vois moins Dieu, je vois plus l'homme.

Il arriva aux populations rurales qui faisaient voile alors vers la terre sainte ce qui est arrivé, dans ces derniers temps, à Lamartine et à d'autres pèlerins : elles partaient croyantes, elles revenaient sceptiques. Rien qui confonde et qui désillusionne la foi comme de toucher la substance même des mystères. La réalité tue le rêve qu'on se fait des choses. L'histoire de saint Thomas m'a toujours déplu : si, comme ce saint, j'eusse mis, en effet, ma main dans les plaies du Christ, loin de croire, j'aurais nié. Le merveilleux qu'on palpe n'est plus du merveilleux. De loin, les lieux témoins de la naissance, de la vie et de la mort de Jésus ont une poésie religieuse qui attire : de près, ce n'est plus rien. Les traces de l'Évangile sur le sol même qui l'ont vu naître étaient ou effacées ou douteuses ; la terre, qu'on se figurait encore toute pénétrée de l'action divine et des miracles du Fils de Marie, la terre paraissait ne plus se souvenir. Toute cette nature d'Orient, berceau de notre religion, était rentrée dans l'immobile indifférence de l'antique Maya.

Les croisades enlevèrent des masses d'habitants au delà des mers. Ce fut la migration d'un monde dans un monde. L'Occident était devenu l'Orient. « Déjà, écrivaient les croisés établis en terre sainte, nous avons oublié les lieux de notre naissance. Déjà, pour beaucoup d'entre nous, ces lieux sont inconnus ; nous n'en avons pas même entendu parler. La langue est devenue commune entre les deux nations. Pourquoi reviendrions-nous en Occident, puisque nous avons rencontré ici un tel Orient (1) ? » Les peuples du Nord étaient pris par cette nature magique, par ce soleil et par d'autres beautés enchanteresses. Les races s'étaient si vite et si bien mêlées, que la plupart des jeunes gens ignoraient leur origine et avaient, selon l'expression d'un contemporain, deux patries. Le mouvement des croisades amena des conséquences tout opposées à celles qu'on attendait. L'Occident fut envahi par les idées, les sciences, les arts de l'Orient. Les croisés rapportèrent de la terre sainte des mœurs plus libres. Ils en rapportèrent

(1) *Quare ergo reverteretur in Occidentem qui hic invenit taliter Orientem?*

aussi le goût des initiations et des sciences occultes, auxquelles l'Église fit plus
tard une guerre acharnée.

Les croisades influèrent, par divers côtés, sur l'affranchissement des serfs. Le
besoin d'avoir des soldats pour résister
aux infidèles et de l'argent pour subvenir
aux frais de la guerre détermina les seigneurs à faire des hommes moyennant
pécune. L'émancipation des serfs a été un
acte tout politique. Mais cette liberté ne
put aller, dans les campagnes, jusqu'à la
commune. Les paysans, témoins des heureux effets de l'association dans les villes,
voulurent aussi se conjurer. Les seigneurs
s'y opposèrent absolument et constamment. Ils voulaient bien renoncer pour de
l'argent à la personne du serf, mais, dans
les chartes, les grands défendirent aux
serfs ruraux de former des communes. Les
seigneurs savaient bien que le secret de
leur force était dans l'organisation, et que si
ce secret leur était ravi par la classe agricole, les priviléges de la conquête s'évanoui-
raient un à un. Ils attachaient une grande
importance à entretenir la division et l'i-
solement parmi les ouvriers de la terre.
Ce besoin d'association, dont les villes

étaient possédées, avait suivi, quoique plus lentement, les campagnes. Les racines des municipes romains, abattus par la conquête, cherchaient à repousser sur le sol gaulois, jusque dans le fond des hameaux. L'exemple des villes avait démontré que l'association était une barrière à l'asservissement. Cette barrière, les campagnes désiraient fortement l'élever contre des châteaux.

Les seigneurs exercèrent une police inquiète et tracassière contre les ligues des paysans, qui voulaient mettre leurs libertés sous la sauvegarde de l'union. Les communes rurales ne purent se fonder, tant elles avaient à lutter contre de terribles obstacles. La main des féodaux s'appuyait, bien lourde, sur la race agricole et comprimait, dans les hameaux, les germes d'association, de liberté, qui commençaient à se développer dans les villes. Les bourgeois pouvaient se défendre derrière leurs maisons et leurs murailles; mais le moyen de résister, en rase campagne, à ces sombres châteaux qui, debout sur des rochers inaccessibles, vomissaient dans la plaine des hommes bardés de fer et montés sur des chevaux aux écailles d'acier ? Les campagnes avaient beau vouloir, comme les villes, se gouverner par elles-mêmes ; elles avaient beau se revendiquer elles-mêmes au nom du droit, elles ne purent soulever le lourd couvercle d'autorité sous lequel étouffait la liberté. Regardée nuit et jour par l'œil de l'oiseau de proie qui rentrait sanglant dans son nid de rochers, la démocratie agricole dut renoncer à ces institutions derrière lesquelles s'abritait la démocratie des villes.

L'avortement des communes rurales, telle est une des causes auxquelles se rattache, dans notre histoire, la supériorité intellectuelle des villes sur les campagnes. Quoique les serfs eussent racheté leur liberté par le travail, ils restèrent sous la dépendance des seigneurs qui les avaient affranchis. Comme il est dans le tempérament des petites tyrannies de jeter l'injure aux faibles, la race conquérante ne négligea rien pour verser le ridicule et le mépris sur les mœurs de la race agricole. Le mot de rustique devint synonyme de barbare. *Rusticité*, dit le glossaire, voyez *Grossièreté*.

On traita les habitants de vilains, de vas-

ceux, de paysans (1), de bêtes de somme.
La poésie du moyen âge les blesse, les in-
jurie. Les habitants des villes les mal-
traitent. On leur adresse les accusations
les plus extraordinaires : « Ils sont farouches ; ils refusent de montrer le chemin
aux étrangers ; ils ressemblent aux cerfs
dans leurs fourrés, etc., etc. »

Et voilà ce qu'on est convenu d'appeler
le « bon vieux temps ! »

(1) *Pagani*. On appelait ainsi ceux qui n'étaient point in-
scrits dans le catalogue des soldats, et qui, pour cette raison, étaient censés *esse in pagatico*, suivant le terme de la
loi, c'est-à-dire relégués aux champs et éloignés du grand
monde.

Paganus vient de *pagus*, village, ou de ϖηγη, une source,
parce que les villages étaient construits auprès des fontaines. On donna ce nom aux païens, selon Morelli, non
parce qu'ils se retiraient à la campagne, mais parce que
les chrétiens s'étant d'abord attachés à prêcher dans les
villes, ceux qui y habitaient furent convertis avant que
ceux de la campagne le fussent.

Ce titre de païen (d'où nous avons fait *paysan*) n'en resta
pas moins attaché comme une défaveur sur la race agricole, même quand le paganisme eut cessé d'exister.

Nous allons maintenant transporter le terrain de la lutte dans un autre temps et dans un autre pays. Ce n'est plus la France, c'est l'Allemagne que nous choisirons comme théâtre de faits historiques. Qu'importe ? Les paysans sont frères à travers toute l'Europe ; leurs intérêts se tiennent, et ce qui s'est passé sur un point du globe n'a pas été étranger à l'ensemble de leurs conquêtes ou de leurs défaites. Les ouvriers de la terre forment une grande famille, dont tous les membres se trouvent liés entre eux par une solidarité universelle.

II

ALLEMAGNE

LA GUERRE DES PAYSANS
1522 — 1525.

I

ORIGINE DE LA GUERRE.

Pour remonter aux origines de la guerre des paysans, il faudrait remonter à la naissance et à l'histoire du régime féodal en Europe.

Depuis des siècles, nous l'avons vu, l'état des campagnes était lamentable. Les maux de la race opprimée, conquise, s'étaient adoucis dans les villes avec la fondation des communes ; il n'en était pas du tout de même dans les villages. L'affranchissement des serfs, tout en relevant d'un degré la dignité humaine dans certains États de l'Europe, n'avait fait que substituer une misère plus grande à la misère et à l'abrutissement primitifs. «Comme le nombre des esclaves a diminué, dit Charron, le nombre des pauvres mendiants et vagabonds a crû ; car tant d'esclaves affranchis, sortis de la maison et subjection des seigneurs, n'ayant pas de quoi vivre et faisant force enfants, le monde a été rempli de pauvres (1).»

Les seigneurs avaient autrefois trouvé plus de profit à garder les prisonniers de guerre qu'à les tuer, d'où le servage ; ils trouvèrent dans la suite un plus grand gain à relâcher les serfs, et à les employer moyennant salaire, qu'à les nourrir, d'où le prolétariat dans les villes et les campagnes.

La condition des gens de labeur était si triste, qu'elle touchait même quelques seigneurs consciencieux. On ne s'attendrait guère à trouver Philippe de Comines, l'historien de Louis XI, parmi les socialistes. Rien pourtant de plus hardi que

_____

(1) *De la Sagesse,* par Charron.

ses plaintes, ses réflexions, sur le pitoyable état des classes laborieuses (1) et sur les misères de son temps. — « Ce n'est pas peu de chose, dit-il, quand un roi ou un grand seigneur meurent, qui aucunes fois ont été cause de la mort de beaucoup d'hommes, lesquels sont créatures humaines comme lesdits princes et seigneurs, et je crois qu'en l'autre monde ils ont beaucoup d'affaires, et principalement pour une raison : c'est qu'un pauvre homme, lequel aura six ou sept petits enfants, et n'aura que vingt sous vaillants, et il est taxé à dix ou vingt sous pour la taille, et le récepteur viendra pour exécuter ledit pauvre homme, et il n'aura ni ne pourra nullement fournir dudit argent : ce nonobstant sera mis en prison. Je voudrois bien qu'on montrât la loi d'icelle belle raison. Dieu soit en aide au pauvre populaire (2)! »

Les causes de ce pitoyable état des tra-

---

(1) S'il y a une épigramme sanglante, c'est bien celle-ci, que commettent, sans le savoir, les économistes et les gouvernements eux-mêmes : DES CLASSES LABORIEUSES! Il y a donc alors des classes oisives? Quel aveu! Des hommes qui consomment tout et ne produisent rien; s'il en existe de tels à la surface du globe, du moins ne le dites pas.

(2) *Histoire de Louis XI*, par Philippe de Comines.

vailleurs étaient déjà connues : « Cette grande et difforme inégalité de biens vient de plusieurs causes, spécialement de deux: l'une est aux prestations iniques, comme sont les usures et les intérêts, par lesquels les uns mangent, rongent et s'engraissent de la substance des autres. L'autre est aux dispositions, soit entre vifs, aliénations, donations, dotations à cause de mariage, ou testamentaires et à cause de mort. Par tous lesquels moyens, les uns sont excessivement avantagés au préjudice des autres, qui restent pauvres. Les filles riches et héritières sont mariées avec les riches, d'où sont démembrées et anéanties aucunes maisons, et les autres relevées et enrichies. » Ce qu'il y avait, en effet, de plus désolant pour le malheureux, dans cette société où tout était censé marqué du doigt de Dieu, c'était, outre la disproportion des biens, la stabilité des conditions. Le pauvre était destiné à être éternellement pauvre.

Malgré les effroyables moyens de compression que les grands mettaient en usage pour se défendre contre les petits une société assise sur des bases aussi inégales ne pouvait être tranquille. « Richesse et pau-

[illegible] les éléments et les sources
[illegible] désordres, troubles et remue-
[illegible] sont au monde; car l'excessive
[illegible] des uns les hausse et les pousse à
[illegible] aux délices, plaisirs, dédain des
[illegible] vres, à entreprendre et à attenter à l'
[illegible] ême pauvreté des autres les mène
[illegible] ne, jalousie extrême, dépit, désespoir,
[illegible] tenter fortune (1). »

[illegible] s les campagnes surtout, où la pres-
[illegible] du régime féodal était extrême, la
[illegible] ruse répartition des richesses avait
[illegible] d'une fois excité des prises d'armes,
[illegible] les tronçons de la Bagau-
[illegible] nommés en France à la jacquerie,
[illegible] montrés à plusieurs reprises
[illegible] ous différents noms. Les rébellions
[illegible] fréquentes. « L'an 1358, dit Bel-
[illegible] forêts, au mois de may, fut élevée une
[illegible] dition fort étrange et détestable du po-
[illegible] contre les nobles, laquelle s'éten-
[illegible] telle furie, qu'ils ne laissèrent mai-
[illegible] noble sans la brûler, saccager et
[illegible] tuant hommes et femmes indis-
[illegible] ent. Et sortit cet orage première-
[illegible] du pays de Beauvoisis, où les vi-
[illegible]

(1) [illegible] Sagesse, par Charron.

lains du plat pays firent capitaine un coquin nommé Guillaume Caillet. »

L'historien met dans la bouche du chef (ce même Guillaume Caillet) les princi-paux griefs sur lesquels s'appuyait alors la guerre sociale.

« D'où vient, dit-il, que nous soyons si sots et abestis que de nous laisser ainsi enchevestrer par l'arrogance et tyrannie de ceux qui se disent nobles? D'où vient cette différence d'états, que de notre bêtise et de notre simplicité? Qui les a mis en tel degré de grandeur qu'ils pompent le tra-vail et la sueur de nous, misérables que nous sommes? Que s'il est ainsi que la vertu et les armes ennoblissent les hommes, ne sommes-nous pas de même pâte que ces beaux gentilshommes qui nous tiennent en captivité? N'avons-nous pas le cœur posé en même lieu qu'eux pour aller en guerre? Nos bras ne sont-ils pas aussi accoutumés au travail et nos corps à la tolérance de la faim, soif, froid et chaud, que les corps de ces braves? Mais mieux encore, mes bons amis; eux sont douillets et délicats, nourris et élevés mignardement, plus adroits à faire l'a-mour qu'à manier les armes. Et quand bien ce seraient des diables, nous combattons pour notre liberté, pour nous délivrer de ce joug et servitude en laquelle la noblesse nous détient. Est-ce pas pitié de voir qu'un seul commande à tant d'hommes, qu'il dispose d'eux à sa volonté et à sa fantaisie? La condition des bestes est plus heureuse que la nostre, d'autant qu'on ne les contraint pas plus au labeur que leur force ne porte. Et nous, pauvres asnes, sommes chargés et rechargés sans qu'on ait égard si l'on peut supporter le fardeau seulement. Il suffit de dire que c'est Monsieur qui le commande ! Or, sus, qu'on s'éveille, mes bons amis : montrons que nous sommes hommes et non bestes, francs et non esclaves, endurcis au travail, pour leur faire sentir et notre force et la conduite sage de ceux que vous ayez faits vos chefs et vos capitaines, lesquels mourront pour votre salut et pour la liberté de ce pauvre tiers état, ainsi foulé par la tyrannie et cruauté de la noblesse de France. »

Ce Catilina rustique fut pris et décapité à Clermont.

Entre les races agricoles de la Gaule et de l'Allemagne, il y avait solidarité de souffrances et d'intérêts. D'un bout à

l'autre de l'Europe, la terre poussait un
long cri de détresse. La révolte de Luther
trouva des mécontentements tout formés
dans les campagnes du Nord (1) ; si même
elle se répandit tout de suite de chaumière en chaumière, c'est que derrière la
réforme religieuse plusieurs entrevoyaient
l'aurore d'une réforme sociale.

En Allemagne, l'agitation se compli-
quait d'un autre élément. Il y avait alors
deux noblesses, *dii majores et dii minores.*
La petite noblesse avait des intérêts dis-
tincts et des délicatesses d'amour-propre
qui l'animaient contre la grande ; en beaucoup d'endroits elle se mit à la tête de la
tourbe populaire. Cette petite noblesse se
rangeait autour d'un chef, Frantz de Sickingen. Sa cour était le rendez-vous de
tous les proscrits et de tous les hommes
remuants. C'est de cette cour que partit le
signal des hostilités. Le joug de la féodalité pesait autant sur la noblesse du second ordre que sur la classe moyenne : la
haine des princes et des évêques était

(1) Au Grutly, l'esprit de liberté apparut pour sanctifier
le serment des trois libérateurs contre la maison d'Au-
triche.

même plus vivace dans le cœur des chevaliers que dans celui des bourgeois. Frantz de Sickingen était l'homme qui convenait à cette croisade contre la tyrannie féodale et cléricale. Il personnifiait dans son caractère chevaleresque le désintéressement, l'héroïsme et les talents militaires de Zisca (1). La guerre religieuse et sociale était sur le point de renaître; mais, cette fois, elle ne devait pas se restreindre à un petit pays comme la Bohême; elle devait couvrir tout le nord de l'Europe.

Frantz de Sickingen était aidé, dirigé même dans ses projets par un des esprits les plus forts de son siècle.

Les vrais grands hommes sont ceux qui personnifient les caractères de leur temps : à ce compte Ulric Hutten est une création rare. Le seizième siècle était poëte, artiste, orateur, théologien et guerrier; Hutten fut poëte, artiste, orateur, théologien et guerrier. Les cheveux flottants, la poitrine couverte d'acier, la main armée

______

(1) Chef de la révolte des paysans en Bohême. C'est un autre épisode de la guerre sociale que nous raconterons peut-être dans un autre volume.

d'une de ces longues et lourdes épées que le bras humain ne soulèverait plus aujourd'hui, il frappe, il rit, il chante, il boit, et à travers les trous de son pourpoint comme à travers les déchirures de cette vie prodigue, on entrevoit, par instants, tantôt la plaie de son cœur, tantôt l'idée régénératrice qui le ronge. Cet homme a dans son style inégal des soubresauts de génie. Le rire, fils de la souffrance et du doute, ce rire dont Molière fera *Tartufe*, dont Voltaire fera *Candide*, dont Béranger composera la partie la plus corrosive de ses chansons, ce rire que la Réforme apportait à la surface du monde religieux et politique, ce rire qui tue, vous le trouvez plus fou, plus dilaté encore sur les lèvres de Hutten que sur celles de Luther : c'est le rire du peuple, le rire des générations jusque-là sérieuses, qui tout d'un coup échappent, Dieu aidant, à la sainte tristesse cléricale, à la solennelle compression du dogme.

On raconte que la famille de Hutten avait voulu le marier à une riche et belle héritière. C'était le moyen de rentrer en grâce avec sa mère et avec la société ; de mettre un terme à une vie orageuse, proscrite, vagabonde, dénuée. Il hésita. L'image du repos, les tendres joies domestiques, les charmes de la beauté ; pour être insensible à tout cela, il faudrait ne pas avoir de cœur, et Hutten en avait un, même très-inflammable. Il avait alors trente-deux ans. La lutte intérieure fut rude. « Je me roule sur moi-même, écrivait-il à son ami Frantz, comme un serpent qui se mord la queue. Je n'ai plus ni commencement, ni milieu, ni fin. » Quand ce vertige le quitta, Hutten se vit tel qu'il était, avec sa nature d'artiste, qu'il avait reçue de sa mère, avec sa mission de réformateur qu'il croyait tenir de Dieu.

Prenant alors dans sa main la main de sa fiancée : « Ma belle enfant, lui dit-il, je vous demande pardon de vous affliger, mais c'est pour votre bonheur que je ne me marie pas. Vous êtes digne d'un autre époux dont le cœur libre puisse répondre entièrement au vôtre. Je ne m'appartiens pas, j'appartiens à une idée. Il serait d'un malhonnête homme d'épouser une femme qu'il aimerait, s'il ne croyait pas s'en faire aimer. Or, je sens que je vous rendrais malheureuse. Je ne pourrais supporter votre vie, et vous ne sauriez partager la mienne. Vous avez besoin de repos, moi de mouvement, d'inquiétude, de luttes, de courses... » Alors la fiancée : « Je vous suivrais ! — Me suivre !... Y songez-vous ? Souvent, en mes voyages, je passe les nuits dans les granges, dans les bois et dans les cabanes des paysans : après avoir pris une mauvaise nourriture, je poursuis ma route. — Je ferais comme vous, murmura-t-elle. — Oh ! non, ce serait impossible. Vous n'êtes pas faite à endurer la misère, les privations, peut-être la prison et une mort infamante. Être ma femme, mais savez-vous que c'est épouser l'opprobre, la haine du monde... Vous le feriez, dites-vous, mais ce serait un sacrifice, une abnégation, et croyez-moi, jeune fille, l'amour se lasse bien vite de ces dévouements-là. Adieu. Le pauvre Hutten ne doit avoir qu'une femme sur la terre : la liberté. » Puis, le cœur déchiré, mais victorieux, il quitta sa mère et sa fiancée qui pleuraient.

Pendant que les princes et les États de l'Empire étaient réunis à Nuremberg, la conjuration contre les nobles, dont Hutten était l'âme, et Sickingen l'épée, éclata. Le plan des conjurés, parmi lesquels on nomme Œcolampade, Bucer et quelques moines défroqués, était de saisir les biens des seigneurs ecclésiastiques, de séculariser les pouvoirs, de délivrer les petits nobles et les bourgeois du joug de leurs suzerains, de rétablir à l'ombre du nouvel Évangile la liberté et l'unité de l'Allemagne.

Sickingen ouvrit les hostilités le 1er septembre 1522; il commença par déclarer la guerre à l'archevêque de Trèves. Il venait, disait-il, délivrer les habitants du joug odieux et antichrétien du clergé. Cette attaque fut repoussée par des forces considérables. Depuis ce jour, la fortune de Sickingen ne fit plus que décliner. Lui qui, jusque-là, s'était illustré par de hauts faits d'armes et par des succès constants, il se trouvait réduit à se défendre. Tout espoir néanmoins n'était pas perdu; quelques nobles, qui étaient entrés dans la coalition, pouvaient encore se joindre à lui avec des bandes de soldats et de paysans; mais, en soutenant le siège d'une place forte, il fut tué.

Avec lui s'éteignit la guerre des nobles contre les nobles.

Luther avait désapprouvé cette conspiration : à la nouvelle du désastre, sa colère se répandit à la fois sur les conjurés et sur les princes. « Il faut, s'écria-t-il, que ces princes soient ivres et fous, pour ne pas voir de quel côté pour eux est le danger. On ne plaisante pas avec Dieu. Si Luther n'existait pas, nul de vous ne serait assuré de sa vie ni de son domaine; ma mort serait pour vous tous la plus grande des calamités. » A son point de vue, Luther disait vrai : après avoir été pour les puissances établies un objet de crainte et d'inquiétude, le grand réformateur en était venu à les couvrir de sa popularité, à peu près comme, dans les derniers temps de sa vie, Mirabeau sauvegardait de son nom et de son éloquence orageuse le trône qu'il avait déraciné.

A la fin, Luther s'emporte : « Poursuivez, princes, tuez et brûlez, je ne céderai pas si Dieu le veut; tué par vous, je ressusciterais dans un autre, que je ne vous conseillerais pas de retuer. »

Voici le secret de cette grande colère : Luther regrettait quelques nobles de sa secte tués dans cette guerre, et d'un autre côté, il craignait que la haine de ses ennemis ne s'armât de cette sédition contre

lui-même. Les violences du moine mon-
tent jusqu'à l'empereur : « Ce misérable
mortel, ce sac à vers, César qui n'est pas
même sûr de vivre un clin d'œil, se vante
impudemment d'être le vrai et suprême
défenseur de la foi catholique... » Qui
avait jamais parlé ainsi des souverains?
Luther était de l'espèce de ces conservateurs révolutionnaires qui, à chaque pas,
ébranlent sans le vouloir ce qu'ils croient
raffermir.

Mais remontons à la cause qui fit
échouer l'entreprise de Sickingen. Ce ne
fut point la noblesse du second ordre qui
manqua à l'appel de la liberté; ce fut la
bourgeoisie; la classe moyenne craignit
d'être débordée par le mouvement des
campagnes, et, dans ses égoïstes terreurs,
elle sépara sa cause de celle des paysans.
Ainsi échoua l'unité politique de l'Allemagne, entrevue par Hutten dans l'unité
religieuse de la réformation.

A la nouvelle de la mort de son ami,
Hutten tomba, renversé par la douleur.
« Avec Frantz, dit-il en se relevant, mon
âme est morte. »

Sa vie ne fut plus, en effet, qu'une lente
agonie. Pauvre et fugitif, il erra de village

en village, de bois en bois, de cabane en
cabane. A Zurich, il se souvint qu'il avait
un ami, Érasme. Il alla frapper à sa porte.
Érasme ouvrit ; mais quand il vit et reconnut le proscrit Hutten, il lui défendit l'entrée de sa maison. Il fit mieux : craignant
que la présence de cet homme, qu'il avait
connu, ne fût de nature à le compro-
mettre, il le dénonça sans bruit aux auto-
rités de la ville.

Pauvre Hutten ! Il mourut de misère un
an après la mort de son ami Frantz de
Sickingen. Ses derniers mots furent :
« Malédiction aux traîtres ! » Il avait
trente-cinq ans.

Jusqu'ici l'histoire avait beaucoup parlé
de Luther et peu de Hutten A la veille de
sa régénération sociale, l'Allemagne (et je
l'en loue) s'est souvenue de l'homme qui
avait poursuivi dans le mouvement religieux l'affranchissement de sa race. —
« Jeunesse allemande, s'écrie l'historien
Zimmermann, va à Uffenau verser une
larme sur Ulric Hutten, qui seul fut plus
grand que tous les réformateurs ensemble.
Hutten a été méconnu des Allemands, et
il est presque inconnu de l'étranger. Souvent il n'avait pas de quoi se vêtir, lui qui

délaissa sa propre fortune pour se vouer à la prospérité de son pays ; et maintenant qu'il est mort, sa tombe est encore veuve d'un monument digne de lui... L'unité et la liberté de notre pays, voilà ce qu'il ambitionnait. »

Il est juste que les nations se souviennent des hommes qui se sont dévoués pour elles ; mais Ulric Hutten, comme réformateur, n'appartient pas à l'Allemagne, il appartient à l'histoire du peuple et de l'humanité !

Il en est des ébranlements de l'histoire comme des tremblements de terre : les premiers mouvements donnent naissance à des cercles de commotions qui s'étendent de couche en couche ; ainsi, la conjuration des nobles, en agitant les masses populaires et bourgeoises, imprima le signal à la révolte des paysans,

II

CONJURATION DU BUNDSCHUH (SOULIER FÉDÉRATIF).

Les campagnes de l'Allemagne étaient depuis quelque temps soulevées par des sociétés secrètes.

L'impulsion était certainement venue de la réforme religieuse. Les générations nouvelles, en exhumant l'Évangile, lui demandèrent le sentiment de leurs droits et ces éternels principes de justice que l'homme se révèle à lui-même dans ce qu'il appelle la parole de Dieu. Mais, il faut le reconnaître, les causes de l'agitation politique étaient indépendantes de la foi. Ces causes il faut les chercher, croyez-moi, dans le sentiment national, dans les désordres et les excès de la féodalité, dans la tyrannie des seigneurs et des évêques, dans les sentiments de haine et de jalousie que faisait naître au cœur du paysan la comparaison de son triste sort avec celui de ses maîtres.

Ce fut la conjuration des souliers contre les bottes (1).

La guerre des paysans se rattache à un sentiment tout humain : si les chefs parlaient sans cesse un langage mystique, c'est que, étant prêtres pour la plupart, ils obéirent en cela aux habitudes de leur vie passée et aux nécessités d'une époque théologique, où l'ordre civil étant enveloppé dans l'ordre religieux, il fallait émanciper l'un par l'autre. Autrement, pensée et action, tout dans cette tragédie appartient au peuple. C'est le sentiment démocratique, joint à d'anciennes souffrances, qui souleva les masses agricoles contre les priviléges féodaux. Ces Titans du Nord, durs et robustes enfants de la terre, poussés par la conscience de leur force et de leurs droits, essayèrent d'ébranler le ciel féodal et clérical, dans lequel les dieux d'outre-Rhin formaient, liés

(1) Il était défendu aux paysans et aux hommes-liges de porter des bottes ou des brodéquins; ils devaient se contenter de souliers. Ce signe de servitude devint un signe de ralliement. Une des sociétés secrètes qui embrassaient la Suisse, l'Alsace et les contrées de la Forêt-Noire était connue sous le nom de *Bundschuh* (soulier fédératif). Elle avait pour blason un grand soulier peint ou brodé sur un champ rouge.

les uns aux autres, la grande chaîne de l'autorité, et régnaient à l'ombre du César germanique, le Jupiter de ce nouvel Olympe.

Les paysans auraient d'ailleurs eu beau tourner les yeux vers la Réforme, vers le nouvel Évangile, comme on disait alors, qu'ils n'y auraient guère trouvé de soulagement à leurs maux. « Luther soutenait qu'à un paysan il suffit d'un peu de paille et de foin comme à l'âne; que s'il secoue la tête, il faut employer le bâton; s'il rue ou donne du pied, faire siffler la balle (1). »

Heureusement tous les hommes de la Réformation ne pensaient point comme Luther.

Vers l'an 1521, il s'éleva en Saxe, sur les bords du fleuve Saale, une secte d'*enthousiastes* dont Nicolas Stork était l'âme. «Le monde, disait-il, devait être purifié par son entremise. Il était envoyé de Dieu pour tirer des ténèbres la doctrine du Christ. » Le fait est qu'il donnait à la parole évangélique un sens profond qui remuait les entrailles. On ne se lassait point

____

(1) *Vie de Calvin*, par M. Audin. Voir les œuvres de Luther.

de l'entendre expliquer les grandeurs et les félicités du nouveau règne. C'est ainsi qu'il désignait l'avénement de Dieu dans l'humanité sous la forme du Saint-Esprit. La réforme de Luther était regardée par lui comme insuffisante. Luther faisait de la lettre écrite la limite de l'esprit humain : selon le moine saxon, tout était dans la Bible ; c'était l'alpha et l'oméga du progrès religieux. Il croyait, avec l'Église, que les prophètes et les prophéties avaient reçu leur accomplissement dans le Christ, *completum atque consummatum.* — Les juifs, reprenait Nicolas Stork, en disaient autant de la loi de Moïse, les Perses de la doctrine de Zoroastre, les Indiens des rêveries de Budda. Non, le monde n'est point arrêté à la parole écrite. La révélation est permanente et successive. Le Verbe s'incarne tous les jours dans l'Humanité. Nous touchons à des temps nouveaux : il faut que la chair et l'esprit se régénèrent pour entrer dans les vues du Consolateur. Les religions sont les berceaux des peuples ; elles sont aussi leurs tombeaux, quand, s'identifiant à l'immobilité du dogme et des formes sacerdotales, les peuples refusent de se renouveler dans le courant de la vie universelle.

Ce Nicolas Stork ne se contentait pas de se poser en face des docteurs ; couvert d'un habit grossier, il allait s'asseoir dans les cabanes des paysans. Et là il parlait avec feu des changements à introduire dans le monde. Il y avait, selon lui, deux ordres à retrancher du troupeau chrétien, les prêtres et les magistrats (1). « Par eux, disait-il, comme par les loups rapaces, les classes agricoles sont opprimées et déchirées. » Il se faisait aussi une idée considérable du mariage, qu'il regardait comme la base de l'édifice nouveau. A l'entendre, il ne suffisait pas que la main du prêtre eût béni l'union de l'homme et de la femme pour que cette union fût sainte. Sous beaucoup de mariages légitimes, il voyait persister entre les sexes les rapports des entreteneurs avec les courtisanes (2). Lui, joignant l'homme et la femme dans l'ordre de leurs affinités

(1) *Ambobus hisce ordinibus gregi christiano subductis, reliquiæ a lupis rapacibus quam facile opprimuntur ac discerpuntur.* (*Speculum anabaptistici furoris.*) Petit ouvrage très-rare, avec les portraits des hérésiarques ariens, anabaptistes et sociniens. Voyez Vogt, *Catal.*, lib. rar., p. 290.

(2) *Matrimonia infidelium ac libidinosorum cum polluta, cum meretrica ac diabolica asserebat.* (*Ibid.*)

spirituelles, il voulait faire du mariage un moyen de régénération sociale. Quelquefois sa voix, naturellement douce, s'animait; son visage rayonnait d'un feu sombre, étrange; à la vue des maux qui régnaient sur la terre, il se sentait pris d'une subite ardeur de vengeance contre ceux qu'il accusait d'être les auteurs de cette misère publique. « Supprimez par le fer et le feu, s'écriait-il, les magistrats et les princes, ces tyrans qui ne devraient exercer aucune autorité sur les élus de Dieu ; quant aux évêques et aux pasteurs, chassez-les de leurs paroisses, saisissez leurs biens comme injustement acquis ; renversez les monastères ; anéantissez tous les abus ; c'est la volonté du Père, auquel nul des mortels ne doit résister (1). »

Sa doctrine, à en juger par le témoignage, d'ailleurs fort suspect, des historiens, était un mélange de colère et d'amour : elle était animée par les deux forces qui se disputaient alors le monde, la Renaissance et la Destruction. Quand Nicolas Stork suivait son cœur, ses aspirations, ses lumières, il rendait hommage

____

(1) Meshovius, *Historiæ anabaptisticæ.*

au principe nouveau, à la vie; quand il écoutait le cri de sa conscience indignée, il sacrifiait au principe ancien, et, dans ses emportements, il eût voulu couvrir le monde d'un voile de mort.

Nous voyons plus d'une fois les hommes d'avenir chercher leurs moyens d'action dans le passé, c'est-à-dire dans la force.

Nicolas Stork avait contribué avec Carlstad au brisement des images. Il existait un lien entre la démolition des statues dans les églises et la révolte des paysans contre les priviléges ecclésiastiques et féodaux.

Ces saints étaient la personnification des tyrannies locales. Les arguments dont les *Enthousiastes* de la Réforme se servaient pour animer les hordes populaires à la destruction des images étaient absolument les mêmes que les premiers chrétiens employaient contre les idoles. « Parmi ces dieux de bois, disaient-ils, que vous entourez d'adoration et d'honneurs, en est-il un seul qui ait la puissance de se soustraire au feu : ne les avons-nous pas vus, dans maints incendies, muets, subir tristement le supplice des flammes ? » De tels discours, que l'Église traitait d'impies, annonçaient du moins que ces images et les institutions dont elles étaient la figure se mouraient dans la foi des peuples. Et avec ces institutions, tout un monde penchait vers sa ruine.

Du brisement des images au massacre des nobles, il n'y avait qu'un pas : après s'être exercée contre des dieux de pierre ou de bois, la main des multitudes, que ne retenait plus la frayeur, se tourna vers les dieux charnels de la société.

Quand les écrivains orthodoxes accusent Luther d'avoir été la cause indirecte des troubles qui agitèrent alors et ensanglantèrent l'Allemagne, ils ne se trompent pas; mieux que Luther qui s'en défend, ils aperçoivent la logique des faits et l'enchaînement des lois historiques. Où ils se trompent, c'est quand ils se persuadent que cet édifice social pouvait être conservé. Une grande voix faisait écho dans le monde à la voix de Luther : c'était celle qu'on entendit à Rome, sous Constantin, quand les dieux tombèrent. Avec eux s'en allaient les lois, les institutions et les mœurs du passé. Tristes ! oh, ces époques le sont ! Sous chaque ébranlement de l'esprit nouveau, on sent une pierre du passé qui se détache. Plus d'une fois Luther lui-même fut pris de regret et de remords ; sa foi dans le progrès, quoique vive, n'était pas sans retours ; le spectre du catholicisme se dressa plus d'une nuit devant sa raison alarmée (1). Il en était de même des autres réformateurs. A cette présence matérielle de la Divinité qui remplissait les villes, les maisons, les campagnes, succéda tout à coup le vide ; alors le monde eut peur. Il se fit dans les consciences une nuit accompagnée de tristesse et de tremblement. Il fallut que la Réforme rassemblât toutes ses forces et toutes ses espérances pour surmonter ces réactions du sentiment religieux. Jetant alors un regard hardi sur ces temples dévastés, dans lesquels se célébraient naguère les mystères de la destruction et de la mort : « Votre Dieu, cria-t-elle, était un cadavre ; le mien seul est vivant ! »

Le mal est que les hommes intéressés à conserver ce qui est, prennent toujours l'effet pour la cause. Luther avait raison, quand, parlant de la guerre des paysans,

(1) Voir ses *Œuvres*.

il disait : « On ne saurait rapporter à personne sur la terre cette sédition et cette
calamité, si ce n'est à vous princes et seigneurs, à vous surtout, aveugles, stupides
prêtres et moines ! Je vous ai pourtant
avertis bien souvent que vous ayez à vous
mettre en garde contre cette parole : *Je ré-
pandrai mon mépris sur les princes.* Déjà le
glaive vous pend sur le cou. Des signes
dans le ciel et des prodiges sur la terre,
tout cela ne vous présage rien de bon. »

Cochlæus, qui cite ces paroles, traite
Luther de faux prophète, parce que, dit-
il, ses prédictions ne se sont pas réalisées.
Si Cochlæus eût vu, dans les campagnes
de France, la révolution de 1793, dont la
guerre des paysans fut en Allemagne la
sanglante aurore, il n'eût pas dit cela.

Soit superstition, soit instinct d'une loi
qui relierait les phénomènes du monde
physique aux phénomènes du monde moral, les anciens historiens (sans en excep-
ter les plus grands) attachent une importance aux signes qui paraissent dans le ciel
ou sur la terre, et à la coïncidence de ces
signes avec les événements qu'ils figurent.
— Or, depuis plus d'un siècle, pour cette
société féodale et cléricale, dont les

croyances se bouleversaient par la base,
les présages étaient mauvais. A un concile
qui avait été tenu dans le quinzième siècle,
la terre avait tremblé ; on l'avait même
appelé, pour cette cause, *concilium terræ
motus*. A un autre concile, celui de Constance, le soleil s'était voilé, et une éclipse,
image de l'obscurcissement de la foi et de
l'autorité religieuse, avait répandu au loin
les ténèbres. Enfin, cette année-là, 1522
(l'année de la guerre des paysans), une
comète parut dans le ciel, une comète
qui avait la forme d'un bras tenant un
glaive.

Au ciel et sur la terre la vengeance !

III

THOMAS MÜNZER.

La guerre des paysans était préparée
par d'antiques souffrances, par les germes que le sentiment du droit avait déposés dans la conscience des masses, par la
réformation religieuse, ou comme on disait dans ce temps-là par l'Évangile re-

trouvé, lorsque une occasion la fit éclater dans presque toute l'Allemagne.

La chronique raconte qu'une comtesse de Lupfen, Hélène de Rapolstein, non contente de surcharger les paysans de travaux pendant la semaine, voulut les contraindre, le dimanche et les jours de fête, à un nouveau genre de corvée. Elle les envoyait ramasser des coquilles pour en faire des pelotes, ou cueillir des fraises dans les bois pour les dames de la cour. Ce caprice de femme gâta tout. La patience des paysans était lasse ; elle ne tint pas contre une si frivole exigence, et bientôt après la guerre éclata.

A ce mouvement un homme donna sa forme : Thomas Münzer.

Il était né à Zwikau, ville de Misnie. A seize ans, il disait la messe. Allant de ville en ville, depuis son enfance, il avait mené la vie errante des réformateurs, ces pèlerins d'idées nouvelles. Sur son front la destinée avait écrit : « *Eris vagus et profugus super terram* ; tu seras errant et fugitif par la terre. » Chassé, il l'avait été de Zwikau, de Prague en Bohême, de Gutterborch, de Halle, et de quelques autres lieux. Dans chacune de ces villes,

il avait laissé derrière lui l'agitation populaire. Prêtre, ses discours étaient incroya-
blement hardis. Il conseillait aux chrétiens
de renverser les magistratures civiles et religieuses. Son rêve était l'abolition de
toute autorité féodale (1). Mais avant de
s'attaquer aux magistrats, ces simulacres
vivants de la Divinité, comme on disait
alors, il aguerrissait la main des populations en les poussant contre les images des
saints, contre les temples et les monastères
qu'elles dévastaient. Ami de Carlstad, il
possédait encore à un plus haut degré que
lui cette force de caractère qui tire les
conséquences pratiques d'une idée. Dire
et faire, c'était l'homme.

A Alstedt, où il avait prêché, il s'était
répandu en discours amers contre les au-
torités; il avait gémi sur la liberté perdue,
il avait pleuré sur le misérable état du peuple, dont les ressources étaient la proie des
magistrats affamés. Expulsé de la ville
pour ses discours, il avait couru tout d'un
trait à Nuremberg, à Bâle, à Clakovie.
Esprit inquiet et audacieux, il ne connais-

(1) *Principibus omnem gubernandi potestatem eripere co-
nebatur. (Cochlæus.)*

sait point la fatigue ; nul péril ne l'effrayait. Allant toujours, il semait ses doctrines, soulevait partout le peuple contre le clergé d'abord, contre les princes et les magistrats ensuite. Sa parole était entraînante. Sur son visage, il portait un air de candeur et une gravité singulière. Quelques écrivains modernes, abusés sans doute par le caractère d'une révolte qui mit tout en cendres et en sang, ont donné à Münzer des traits farouches. C'est une erreur : les violences ont été le plus souvent excitées dans le monde par des hommes doux. Thomas Münzer avait le teint pâle, la barbe longue, les cheveux longs, les yeux ornés d'une grâce pénétrante et inévitable. Le magnétisme de sa parole était égal à celui de son regard. C'est par des discours qui avaient la douceur du miel et du sésame (1) qu'il attirait les cœurs dans son parti.

Sa nature était plutôt délicate que sauvage. Il avait connu l'amour. Épris de la beauté d'une jeune fille, il déclara dans une ville, où il venait enseigner le peuple,

----

(1) *Verbis melle ac sesamo conditis animos ad suas partes pellexit. (Speculum anabaptistici furoris.)*

que si cette jeune fille ne consentait point
à le connaître, il ne pourrait annoncer di-
gnement la parole de Dieu. Il l'épousa.
L'inspiration par la femme : c'est là ce que
Münzer voulut témoigner dans cette circonstance de sa vie, si fort dénaturée par
les historiens. Plus tard, comme tous les
esprits souffrants et convaincus, il se pé-
trifia dans son idée. Sa femme étant ac-
couchée d'un fils, il ne montra aucune
joie : « Vous voyez, dit-il, rien ne m'émeut
plus ; la nature est morte en moi... » Cet
homme ne vivait plus que pour son
œuvre.

Voyant qu'il n'avait rien à faire dans
les villes, où son nom et ses doctrines
étaient mises à l'index, Thomas Münzer
se retira dans les campagnes. Là, il se fit
aimer des paysans. A sa voix, ces hommes
simples s'émurent. Ils l'écoutaient avec
surprise parler de Dieu, de l'univers, de
l'homme, des sociétés, des droits et des
devoirs, en des termes qui n'étaient dans
aucun sermon. Les femmes surtout l'ad-
miraient. L'Évangile avait dans sa bouche
un parfum nouveau. Il mettait lui-même
en action cette parole naïve, dont le char-
me indéfinissable se marie si bien à la

puissance des éléments. C'est sur le bord des fleuves, à l'ombre imposante des forêts, sur les montagnes, en face des troupeaux couchés dans la plaine, que Thomas Münzer prêchait ses doctrines. A la lettre morte de l'Évangile, il donnait pour commentaire la nature et les souffrances vivantes qui l'entouraient. Pour l'entendre, le laboureur quittait sa charrue, les femmes venaient avec leurs fuseaux. Münzer donnait au sentiment d'attente et de régénération qui était dans tous les cœurs une voix éloquente, un regard inspiré, des traits vifs, mais graves. En lui, le peuple des campagnes se reconnut avec ses misères, ses espérances, ses besoins; mais il se reconnut agrandi par la science et par la culture de l'esprit. Le prophète (car déjà pour eux Münzer n'était plus un homme) avait surtout une manière à lui de pencher la tête sur l'épaule droite. Quand il laissait pendre tout d'un côté ses longs cheveux ou qu'il élevait les yeux vers le ciel comme pour le prendre à témoin des maux que les hommes avaient introduits sur la terre, de l'ivraie qu'ils avaient semée dans le champ de la société, des servitudes qu'ils avaient mises sur le travail, un éclair de justice courait dans tous les regards de son auditoire rustique, et la terre poussait, en quelque sorte, sous les pieds de ses enfants, un soupir de colère.

Couvert d'un habit grossier, il fréquentait les lieux déserts, comme pour recevoir de Dieu et de la solitude l'inspiration. Cette manière de vivre accrut dans le peuple son autorité morale. Poussé par un instinct divin (1), il vaguait ainsi dans l'Allemagne. Ce fut un prodige de voir quelle multitude, en peu de temps, afflua vers lui de tous côtés. Le peuple des environs accourait par bandes à Alstedt. De cette bouche, qu'il croyait remplie de l'esprit de Dieu, il recevait avidement les préceptes de la nouvelle foi. A ceux qui chercheraient Dieu d'un cœur pur, Thomas Münzer promettait la liberté. Il engageait les habitants des villes et des campagnes à se délivrer des taxes, des tributs dont ils étaient chargés outre mesure, et à former de ces revenus une masse commune, qui leur permît de vivre tous en frères.

« Nous sommes tous fils d'Adam, leur disait-il; il n'est donc pas juste que les

(1) *Divino instinctu per Germaniam vagabatur.*

uns meurent de faim, tandis que les autres se délectent dans l'abondance. Les apôtres n'eurent rien en propre; dans la primitive Église, tous les biens étaient communs. Si c'est vrai (et les monuments sont là qui nous l'attestent), jusques à quand tolérerons-nous les exactions des princes? Combien de temps traînerons-nous dans l'ignominie une vie chargée de privations et de misères? Si la nature nous a fait naître libres, pourquoi cette servitude? La fortune a répandu des biens sur la terre, elle veut que nous en jouissions; elle ne veut pas que ces biens que nous travaillons à produire nous accablent de maux! Debout! Si vous cherchez la liberté, si vous vous souvenez des écritures et de la parole de Dieu, vous secouerez le joug (1). »

C'est par le lyrisme de ses discours (2) que, comme Jésus-Christ, il attirait autour de lui les pauvres, les enfants malades de l'esprit et du cœur. Pour lui la parole évangélique était un testament de liberté, non de résignation muette. Aux

(1) Meshovius.
(2) *His et similibus strophis...*

haillons dont la société recouvre la nu-
dité de ses membres souffrants, il compa-
rait, dans un langage biblique, le vêtement
dont la nature habille le lis des champs
et les autres fleurs. Quelquefois il citait
les textes : « Voici le moment où le prince
du monde va être chassé dehors. — Que
celui qui gouverne soit comme celui qui
sert. — Vous êtes tous frères et vous
n'avez qu'un père qui est là-haut. — Vous
connaîtrez la vérité et la vérité vous délivrera. »—Il racontait l'histoire des dix lé-
preux qui, « se tenant de loin sur la route,
criaient : Jésus-Christ, ayez pitié de nous!»
Jésus les ayant vus, leur dit : « Allez
montrez-vous aux prêtres. Et pendant
qu'ils y allaient, ils furent guéris. » Le
ministère des prêtres, concluait Münzer,
est donc inutile, puisque la vertu de la
foi agit sans eux. — Il aimait encore à
parler du nouveau règne qui allait naître.
« Il faut que je m'en aille, disait Jésus-
Christ, afin que le Paraclet vienne vers
vous. Il vous instruira de toutes choses,
car il sera et demeurera en vous. Il par-
lera par votre bouche... » Dans ces textes
Münzer voyait l'annonce d'un nouveau
Messie qui devait être l'humanité tout

entière. Le principal caractère de cet avénement était, disait-il, l'illumination du sens intime. Dans la nouvelle Église, — l'Église du Saint-Esprit, — tout homme devait être directement enseigné de Dieu, il aurait *même un Dieu en lui.* La conséquence de cette doctrine des *Enthousiastes* était l'abolition de toute servitude morale: plus de prêtres, plus de docteurs, plus de magistrats, puisque tous les hommes participeraient également à l'inspiration divine.

Au fond, rien de moins religieux que la doctrine de Thomas Münzer, si par religion on entend le catholicisme. Comme toutes les croyances, dites révélées, le catholicisme s'appuyait sur les faiblesses de l'homme, sur ses ténèbres, sur son néant. La base de toutes les anciennes religions a été le sentiment de notre dépendance vis-à-vis du monde extérieur. Chez les divers peuples de l'antiquité, le culte consistait dans la personnification des forces atterrantes; elles tenaient ainsi l'homme sous la domination de la nature. La mort étant la plus haute expression de notre dépendance, c'est aussi de la crainte de la mort que toutes les castes sacerdotales se sont servies pour attacher le croyant au dogme et aux pratiques extérieures. L'Église du moyen âge mettait sans cesse le fidèle en présence de sa destruction, de sa poussière : — *Memento, o homo, quia pulvis es!...* Comme, d'un autre côté, les institutions religieuses faisaient bloc avec les institutions civiles, il se trouvait que le sentiment de dépendance, base des rapports de l'homme avec l'Église, était aussi le fondement de ses rapports avec l'État.

La doctrine des Enthousiastes venait briser ce lien de subordination qui avait jusque-là maintenu l'ordre dans les sociétés. A l'Église qui faisait peser Dieu sur l'homme, Thomas Münzer et sa secte opposaient cette force d'expansion qu'exerce l'homme sur la nature. Au premier rang des actes religieux ils posaient le travail, modificateur des lois de l'univers. C'était l'autel renversé par l'atelier.

Luther était venu apporter un mot devant lequel les puissances de la terre furent prises de convulsions et de tremblement : «liberté!» Münzer en apportait un autre qui devait exciter bien d'autres orages et ouvrir, de son temps même, des abîmes : « égalité ! » Si, en effet, tout homme a un dieu en soi ; si la solidarité des membres entre eux n'en fait qu'un seul et même corps, tous les hommes ont également droit à l'existence et au bien-être. Cette conséquence, les Enthousiastes la tiraient hardiment. « Quand, dans la sociéte, disaient-ils, l'un vit au détriment de l'autre, quand la main droite ravit le pain à la main gauche, c'est comme si un homme mangeait la chair de son propre bras. »

Pour fortifier la secte, Thomas Münzer s'associa Nicolas Stork.

Il avait voulu rattacher à sa cause, qu'il croyait être celle de l'humanité, Luther lui-même. Il eut une entrevue avec lui à Wittemberg et lui découvrit ses desseins que le maître désapprouva. Cette entrevue devait faire de ces deux hommes deux ennemis irréconciliables. Luther repoussa Münzer, non sans hauteur. A ses yeux, ce n'était qu'un fou, un rêveur, un esprit chimérique. — « Vous croyez avoir fait la révolution religieuse, lui dit Münzer, vous l'avez à peine commencée. »

Ils se séparèrent furieux l'un contre l'autre.

Münzer avait établi, à Alstedt, une imprimerie et le siége de son influence : « Ne vous commettez point, s'écriait Luther, avec l'esprit d'Alstedt, cet esprit séditieux et assassin. » Enfin, voulant flétrir d'un mot les doctrines *scélérates* de Münzer, il appelait Münzer lui-même un *fantôme vivant du diable.* — « Et toi, lui répondait-on, tu n'as jusqu'ici offert aux adorations du monde qu'un fantôme de Dieu. Tu célèbres un principe muet, comme celui que les catholiques célèbrent dans leurs froides basiliques ; nous seuls, adorons un principe vivant et parlant. Tu n'as fait, crois-moi, qu'une demi-réforme. Par toi, le pape a été frappé au cœur : le bel effort, si tu laisses vivre dans ton Église les abus, les désordres, les injustices dont le pape n'était que la personnification sacrée ! Achève ou renonce à t'appeler réformateur. Ce qu'on laisse subsister du passé dans les institutions et les croyances, le ramène bientôt tout entier sur la terre. Il n'y a point de milieu : dans une société où l'ordre religieux est soudé à l'ordre civil, on ne saurait réformer les rapports de l'homme avec la divinité, qu'on ne réforme en même temps les rapports des citoyens avec l'État. »

Et Münzer avait raison : toucher aux dieux d'une société, c'est toucher à ses lois, à ses institutions, à ses mœurs ; mieux que cela, c'est toucher à l'idéal, d'après lequel s'organisent les lois, les institutions et les mœurs. Il y avait donc de l'inconséquence de la part de Luther à détruire le pouvoir dans l'Église et à ménager ce même pouvoir dans l'ordre politique.

Ce que les réformateurs détestaient le plus, c'étaient les réformateurs. Thomas Münzer et Nicolas Stork ne s'emportaient pas moins contre Luther que contre le pontife romain ; ils déclaraient la doctrine de l'un et de l'autre vicieuse, impure : une graisse de ventre, *ventris sagina*.

Une église célèbre par le grand nombre de pèlerins qui s'y rendaient, ayant été dévastée à Witterbach et livrée aux flammes, Luther profita du bruit que faisait cette attaque des paysans pour stimuler la haine du duc de Saxe. Averti par les siens du danger qui le menaçait, Münzer chercha son salut dans la fuite.

Pendant plus d'un an, il demeura caché chez les Noriques. Ce sont ces alternatives de bruit et de silence, ces apparitions, ces retraites, qui détachent dans les masses la figure des agitateurs : leur présence se grave par leur absence même. Nous retrouvons, au bout d'un an, Thomas Münzer à Mulhouse (1).

En peu de temps, il conquit le droit de parole, et par la parole, la cité.

Ayant, pour ainsi dire, escaladé la chaire, il exposa sa doctrine sur la magistrature, sur le nouveau pacte social, sur les moyens d'améliorer les conditions de la vie pour la classe la plus souffrante et la plus nombreuse. Les citoyens, à ces paroles, s'enflammèrent. Effrayé, le sénat écrivit à Luther pour lui demander conseil sur cet homme. La réponse de Luther fut passionnée. Il prévint par lettres le sénat que Mulhouse eût à se garder de ce loup dangereux. Puis il accumulait les images : « C'est un arbre qui, pour fruits, donnera le tumulte et tous les

---

(1) « Qui a une fois humé l'esprit de sédition, dit Nesbovius, ne peut plus ensuite être tranquille; Münzer, au bout d'un an, comme le chien qui revient à son vomissement, excita de nouveaux désordres. »

fléaux de la guerre civile. » Cette prédiction était écrite en 1524.

Toute la question est de savoir si la guerre civile éclata parce que Münzer était là. La réformation religieuse avait créé des besoins, des forces qui, plus tard comprimées par elle-même, devaient faire explosion. Münzer n'était pas la cause des troubles, il n'en était que l'accident. La cause, elle était dans le vieux monde, elle était dans la Réforme qui, après avoir agité les esprits, s'arrêta, mais qui ne put, en s'arrêtant, immobiliser les faits sous sa main.

Le sénat de Mulhouse suivit les conseils de Luther : il voulut imposer par force à Münzer le silence. Ce fut l'origine de mouvements dans la ville. Des citoyens soulevèrent le peuple contre le sénat, comme ayant chassé de la chaire le prédicateur de la liberté. Les magistrats résistent : ils sont renversés. Alors la révolution suit son cours : les portes des églises sont forcées, les autels détruits, les images et les reliques foulées aux pieds ; les monastères envahis, les couvents de vierges occupés ; les religieuses ou chassées ou mariées. Un gouvernement provisoire est installé à Mulhouse. Aux magistrats déposés par l'émeute on en substitue d'autres qui étaient partisans des doctrines de Münzer. Lui, maître spirituel de la cité, ne cesse de pousser à la réalisation du nouvel Évangile. Une réforme religieuse qui, comme celle de Luther, laissait en dehors de ses calculs la réforme sociale, est déclarée insignifiante, illusoire, illogique, criminelle. Münzer hante le nouveau sénat; à titre de prophète, il lui donne des conseils, il propose des lois qui garantissent à chacun son droit; il exhorte tous les citoyens à mener la vie apostolique, à faire de leurs dons et de leurs libéralités une masse commune; il déclare que venir au secours de ceux qui souffrent la pauvreté est un devoir commandé par l'Évangile. En peu de temps, la ville change de face : hier c'était une cité; aujourd'hui, c'est une famille.

De jour en jour, l'autorité morale de Thomas Münzer s'étendait dans les campagnes : tous d'une seule voix l'acclamaient prophète. Une multitude d'hommes et de femmes affluait à Mulhouse. Thomas Münzer leur montrait dans le

lointain les montagnes d'or de la terre
promise ; mais, sans arrêter leurs yeux
sur ces mirages d'une félicité future, il
leur recommandait d'agir. « Dieu m'a
révélé, leur disait-il, que le moment vient
où les gouvernements et les pouvoirs seront extirpés ; le glaive de Gédéon est
dans ma main ; ce glaive détruira tous les
tyrans (1) ; la république chrétienne va
être reconstituée. C'est la volonté divine,
que les élus abrogent la volonté des magistrats et qu'ils retirent d'entre les mains
de ces hommes une liberté qui leur a été
enlevée contre le droit. »

En fait d'épée de Gédéon, Thomas
Münzer (ce qui valait un peu mieux, à
son point de vue) fit fabriquer des armes
et changer le monastère des franciscains
en une fonderie de canons. Le but des Enthousiastes était le même que celui des
Thaborites, établir sur la terre un règne
de paix, de lumière et d'amour ; mêmes

(1) L'épée de Gédéon ! C'est au passé biblique, c'est à
un Dieu sanguinaire et brutal que Münzer, l'homme du
progrès religieux, demande des armes pour réformer la
terre ! Ce mélange de deux principes, de l'ancienne et de
la nouvelle loi a frappé d'impuissance la doctrine des Enthousiastes.

étaient leurs moyens : dissoudre le principe destructeur par la destruction, l'autorité par l'autorité, la guerre par la guerre.

Cependant Nicolas Stork courait, avec d'autres envoyés, les bourgs et les villages de la Thuringe : ses discours entraînaient les citoyens et les paysans dans la révolte. Il leur prêchait l'abolition du culte extérieur, des temples et des ordres monastiques. En plus d'un endroit, les églises et les couvents furent dépouillés. Ces richesses oisives, ce matériel dormant, que la piété des âges avait entassés sur les autels, on les employa aux frais de la guerre. L'impulsion venait toujours de Münzer et de ses paroles tonnantes, *tonantia verba.* Les comtés de Mansfeld, de Hohenstein, de Swartzbourg, de Stolberg, dont les seigneurs, si j'en crois la chronique, avaient fait pendre le père de Münzer, tout remuait.

Çà et là les châteaux furent rasés. Le fer et le feu se faisaient les ministres des vengeances populaires. Les privilégiés crièrent à l'oppression, au scandale, au meurtre. Les classes nobles ont l'habitude de se croire opprimées, quand on leur ravit les moyens d'opprimer les classes inférieures.

— Mulhouse était le centre de cette vaste organisation souterraine. Dans les villages et les bourgs, on enrégimentait surtout les mineurs, race vigoureuse et entreprenante. Ces hommes dont la société avait confisqué le soleil, roulaient au milieu des ténèbres, dans les entrailles de la terre, de sombres vengeances. Intrépides buveurs, ils faisaient en outre dans les campagnes la propagande des cabarets.

De Mulhouse, partirent des conseils aux mineurs de l'Erzgebirg. « Chers frères, Dieu s'est manifesté ! Les nobles partout sont désespérés ; ils tremblent comme des daims qui ont vu le loup. Pas de retard ! toute l'Allemagne est en mouvement ; les frontières de la France et de l'Italie s'ébranlent : levez-vous ! n'ayez aucune commisération du sort qui va fondre sur vos ennemis. Mon unique crainte est qu'ils ne vous attirent dans une feinte conciliation. Saisis de frayeur, ils vous supplieront doucement, ils pleureront, ils joindront les mains comme des enfants; pas de grâce ! je les connais : si vous ne les tuez pas, vous serez tués. Dieu l'a dit à Moïse : Frappez (1) ! »

A Mulhouse, chaque jour arrivait la nouvelle de quelque château enlevé par les paysans, de monastères pris et démolis, de nouveaux soulèvements. Dans la Forêt-Noire, trente mille hommes étaient sous les armes. D'un instant à l'autre, Münzer attendait l'arrivée de ces bandes qui avaient promis de le suivre où il voudrait. Il n'avait plus qu'un mot à la bouche : « Faites vite ! » Puis, reprenant le ton inspiré : « Dieu est votre général ; Dieu vous commande : marchez ! Sus, sus, sus ! Que votre glaive bouille dans le sang ! Sus, sus, sus ! Allons, combattez le combat du Seigneur. Partout où vous serez trois réunis au nom de Dieu et confiants dans

(1) Toujours Moïse ! Münzer, cet esprit avancé qui trouvait déjà, en théorie, la lettre de l'Évangile trop étroite et trop bornée, reculait dans ses moyens d'exécution jusqu'à l'Ancien Testament, jusqu'à Sabaoth, le dieu des armées, le dieu qui a la figure d'un glaive. A la guerre civile, qui s'organisait dans toute l'Allemagne par des motifs humains, il voulait donner une forme révélée. Moins raisonnable en cela que Luther, qui disait : « Je ne suis pas prophète, » il ramenait le monde à la croyance en un ordre surnaturel, principe et source de toute autorité absolue parmi les hommes. — Combien il est difficile aux docteurs d'être conséquents avec leurs propres doctrines !

son aide, vous ne craindrez pas cent mille hommes ! Sus, sus, sus! »

Et ces paroles de feu couraient comme la lave par toute l'Allemagne.

La vie et le caractère de Thomas Münzer peuvent se résumer dans un mot qu'il a pris pour titre d'un de ses ouvrages : *Pro-testation*.

IV

LA PRIÈRE DES PAYSANS.

La guerre des paysans, nous l'avons dit, était indépendante de Münzer et des autres réformateurs ; elle s'avançait appuyée sur les griefs de la race agricole, sur le progrès intellectuel des nations chrétiennes, sur la foi universelle du genre humain en un avenir meilleur. Les populations ne se contentaient plus d'un idéal de justice et de bien-être dans l'autre monde : cet idéal, elles voulaient l'atteindre dès ce monde-ci. De là une aspiration vague au bonheur matériel, une impatience de jouir, qui gagnait peu à peu les classes déshéritées.

Quiconque dans l'antiquité se déclarait le dieu visible d'un peuple, prenait du moins l'obligation de le nourrir. Moïse, en se faisant la Providence des Hébreux, s'était engagé à leur fournir des moyens d'existence : aussi le peuple d'Israël murmurait-il toutes les fois que l'eau manquait à sa soif, et que sa faim n'était point assouvie. Il n'en était pas de même au moyen âge du pape, des rois, des seigneurs féodaux, des évêques : ces hommes s'étaient bien déclarés eux-mêmes les dieux des nations modernes ; mais ils avaient laissé à chacun le soin de pourvoir par son travail à la nécessité de vivre. Or, ce travail était alors serf du capital et de la terre. En bêchant, sarclant, labourant, semant sur la propriété d'un autre, le paysan accroissait les revenus de son maître, mais il augmentait ses charges à lui-même et sa misère. Un tel état de choses ne pouvait durer : c'est le cri que poussait, d'un coin de l'Europe à l'autre, la terre, pressée, foulée, vexée qu'elle était par l'avarice et les déprédations des grands.

Au moment où les races barbares fondirent sur le monde romain, presque tous les pays du Nord étaient à défricher. L'agriculture, en les fixant sur le sol, fut pour ces races l'élément générateur de tout progrès et de toute civilisation. Mais, exclusivement guerrières, elles ne cultivèrent pas la terre de leurs propres mains, elles la firent cultiver par des esclaves. Ce travail, que les races conquérantes avaient dédaigné, se développait chaque jour, et refoulait, quoique sans bruit, l'épée des dominateurs. Le sillon creusé par les âpres enfants de la terre devint la ligne intermédiaire de l'esclavage et de la liberté. Par malheur, ce sillon, limite des deux mondes et des deux races, quoique abreuvé par les sueurs du paysan, n'avait guère produit, en Allemagne surtout, qu'une demi-liberté pleine d'angoisses et de soucis.

Ceux qui étudient dans l'histoire la filiation des choses, attachent un intérêt tout particulier à la question des préludes. Les savants sont autorisés à voir dans les séries végétales et animales qui peuplent les couches concentriques du globe terrestre, des essais, des épreuves par lesquelles la main de la nature a tracé et préparé dans ces premiers êtres le type des êtres plus parfaits qui leur succèdent. De même les événements historiques s'y reprennent à plusieurs fois avant d'apparaître et de se fixer dans le monde sous la forme définitive qui leur convient.

Envisagée à ce point de vue, la guerre des paysans est la première épreuve de la Révolution française.

Les causes qui, au seizième siècle, agitèrent l'Allemagne, diffèrent peu de celles qui, deux cents ans plus tard, soulevèrent les campagnes de France contre le régime féodal et monarchique : le malaise général des paysans, l'ébranlement imprimé au monde intellectuel par les discussions religieuses ou philosophiques, le sentiment du droit développé par la lumière croissante des principes et par l'injustice de plus en plus choquante des institutions sociales.

Sieyès disait, il y a près d'un siècle, que la liberté de la presse était un sixième sens donné aux peuples modernes. On peut en dire autant de la liberté d'examen. La Réforme apporta une modification organique dans les races humaines qu'elle trouva penchées sur la terre labourable ou sur l'enclume. Toute idée nouvelle éveille, pour ainsi dire, chez les peuples, des sens qui ont longtemps sommeillé.

Il faut lire la longue prière des paysans pour voir comme ils supportent douloureusement la privation de biens qu'ils avaient longtemps ignorés. « Père, nous avons lu la Bible, disaient-ils : il est écrit dans le saint livre que Dieu fait luire son soleil pour tous les hommes. Nos princes s'élèvent donc contre le Seigneur? Car nous ne le voyons presque jamais, ce bel astre, nous, mineurs enfermés dans les entrailles de la terre et obligés de travailler tous les jours à forger des lances pour nos maîtres, des fers pour leurs chevaux et des colliers pour leurs chiens. Ils nous font payer l'air que nous respirons et la lumière dont nous sommes privés ; la dîme de nos troupeaux et de nos champs leur appartient. Père, à ces électeurs déjà si riches, tu as donné des crosses, des mitres, des ostensoirs d'or, le vin du cellier des couvents, les tapis des cathédrales, des vases sacrés, tout garnis de pierreries, des abbayes, des monastères, des prébendes : nous, nous demandons à couper dans les forêts, en hiver seulement, un peu de bois pour nous chauffer ; à prendre en été quelques grains de blé aux champs de nos seigneurs, en automne quelques grappes de raisin à leurs vignes pour nos nouveau-nés, et, une fois par semaine, un peu d'herbe dans leurs prairies pour nos brebis. Si nous sommes, comme eux, enfants de Dieu, fils d'Adam, créés du même limon, pourquoi nos conditions sont-elles si différentes ? Cela n'est pas dans l'ordre de la Providence. Le livre que tu nous as commandé de lire nous l'a dit. Nous t'envoyons nos doléances, mets-les sous les yeux de nos princes. S'ils ne veulent pas nous rendre justice, Dieu nous a donné des bras, une enclume, un marteau, des piques : nous nous en servirons, et, comme il est écrit dans la Bible, nous combattrons le combat du Seigneur. Dieu nous enverra son ange, qui renversera les forts et élèvera les faibles. Nous frapperons *pink, pank,* sur l'enclume de Nemrod, et les tours tomberont sous nos coups : *Dran, dran, dran* (1) ! »

Est-il rien de plus touchant que cette prière ? Il ne tenait qu'aux seigneurs d'é-

(1) *Histoire de Calvin,* par M. Audin.

viter la guerre civile, en se mettant eux-mêmes à la place de Dieu, et en écoutant les plaintes du faible. Ils n'en firent rien. Alors les paysans formulèrent leurs doléances et leurs griefs en douze articles, qui devinrent comme le programme de leur affranchissement social.

1° « Ils réclament le droit d'élire eux-mêmes leurs pasteurs : c'est, ajoutent-ils, par abus que ce droit avait été enlevé au peuple et transféré aux évêques, qui préposaient à la charge des âmes des hommes incapables ou infâmes.

2° « Ils se plaignent des dîmes et des autres impôts de l'Église, que les princes et les évêques attiraient à eux ; pour cela, les grands accablaient le peuple de charges et de tributs, privaient l'agriculteur de sa moisson, et ne laissaient rien à l'ouvrier des champs que des sueurs perpétuelles (1). On ne pouvait plus tolérer de tels excès ; ces dîmes et ces redevances devaient être fixées à l'avenir par les travailleurs eux-mêmes. Les communes pourvoiraient,

(1) *Nec quicquam præter sudores perpetuos reliquum facere.*

selon leur bon plaisir, à l'entretien et à la nourriture de leurs pasteurs.

3° « Les paysans déclarent ne plus vouloir être regardés comme serfs ni traités comme la propriété de leurs seigneurs ; car Jésus-Christ, par son sang précieux, les a rachetés tous, le pâtre à l'égal de l'empereur. Nul n'est excepté. Ils veulent être libres ; à moins qu'on ne leur prouve par l'Évangile qu'ils sont nés *serfs*, et que leurs princes sont nés *maîtres*. La servitude n'a pu s'introduire dans les nations chrétiennes qu'en chassant de ces nations la lumière évangélique.

4° Ils demandent le droit de prendre le poisson dans l'eau, l'oiseau dans l'air, la bête dans le buisson ; car, lorsque Dieu créa l'homme, il lui donna pouvoir sur tous les animaux. Est-il juste que le gibier mange et ravage le fruit du travail sous l'œil même du travailleur ? Est-elle humaine cette loi qui condamne le paysan à demeurer oisif devant cette violation de son bien ? Si, entre les seigneurs, il en est qui prouvent par des titres avoir acheté le droit de pêche, qu'on s'arrange avec eux, sinon, que la pêche des étangs et des rivières soit détournée de l'usage particulier, et serve entre les mains de tous au bien-être général.

5° « Les forêts des seigneurs cléricaux et séculiers qui n'ont pas été régulièrement acquises et payées doivent rentrer dans le domaine de la commune. Chacun sera libre d'y abattre le bois qui lui sera nécessaire, au jugement des prud'hommes ; ils prendront des mesures pour empêcher les ravages.

6° « Les services qu'on impose aux paysans deviennent de jour en jour plus accablants ; ils demandent qu'on modère ces services, et qu'on ne les charge pas au delà de leurs forces.

7° « Le seigneur ne peut exiger du paysan, sans rétribution, des travaux qui ne sont pas convenus dans leur pacte mutuel.

8° « Beaucoup de terres amodiées sont trop grevées de taxes et d'impôts. Qu'on établisse un tribunal d'arbitres honnêtes qui diminuent le cens selon l'équité, afin que le paysan ne travaille plus pour rien, — « car chaque ouvrier est digne d'un salaire. » (S. Matthieu.)

9° « Les paysans demandent qu'on réforme la justice.

10° « Quelques seigneurs se sont approprié injustement des biens de la couronne ; à moins de titres de vente, que ces biens-là retournent à la commune.

11° « Grâce à l'usage, appelé le *cas de décès*, les biens des orphelins tombent, par la mort des parents, entre les mains des magistrats ; que ce droit soit aboli. N'est-ce pas, en effet, une impiété de dépouiller ceux que la mort vient de priver de leurs soutiens naturels ?

12° « Si l'un ou plusieurs des articles qui précèdent, disent les paysans, étaient en opposition avec la parole de Dieu (ce que nous ne pensons pas), nous y renonçons d'avance. Si, au contraire, on nous indiquait d'autres griefs à formuler, d'autres droits à réclamer, qui soient conformes avec la lettre de l'Écriture, nous y adhérons dès à présent.

« Que la paix du Christ soit avec tous ! Amen. »

Jamais réclamation plus juste ne s'éleva Dans ces douze articles, on reconnaît le germe des plaintes que les provinces de France déposèrent, en 1789, dans leurs cahiers, et des réformes qu'elles demandèrent aux états généraux.

Quelle influence exerça la charte des paysans d'Allemagne, trois siècles plus tard, sur les paysans de France, c'est ce qu'il est impossible de dire ; pourtant, dans nos idées, cette influence existe. Herschell estimait que la lumière émise par les dernières nébuleuses visibles dans son télescope de quarante pieds, devait employer près de deux millions d'années pour venir jusqu'à nous. Et cependant elle y arrive ; et qui pourrait soutenir que rien ne manquerait à notre globe, si ce faible rayon luminaire ne l'animait pas ? En histoire, les événements agissent de même les uns sur les autres à de longues distances. Quand les astres et les doctrines mettent ce temps à parcourir l'espace qui les sépare de leur but, nous nous étonnerions que notre idée n'arrive pas tout de suite aux limites qu'elle doit atteindre !...

Je tiens à établir un fait, c'est que les paysans n'attaquèrent point : ils se défendirent. L'objet de leurs demandes était modéré ; la forme en était respectueuse. Ils protestaient de leur obéissance aux lois dans tout ce qui était légitime et chrétien.

Retranchés derrière leurs droits, derrière
la parole de Dieu, dont ils se couvraient
contre les princes et contre Luther lui-
même, ils attendaient de la pression morale, non de la force, un soulagement à
leurs maux. Presque partout le mouvement de la résistance alluma la guerre.

Le duc Georges, instruit de l'agitation
des campagnes, résolut d'aller au-devant
de l'orage. Il leva une armée : hommes,
chevaux, artillerie. A son aide il appela
quelques autres princes, le landgrave de
Hesse, le duc Henri de Brunswick, les deux
électeurs de Mayence et de Brandebourg.
Le plus grand péril les menaçait, disait-il,
s'ils ne réunissaient au plus vite leurs forces, et s'ils n'attaquaient point ces bandes
séditieuses.

La conspiration des nobles, ces préparatifs de guerre, le refus dédaigneux qu'on
opposait à de justes demandes, tout jeta
les paysans dans le désespoir. Le mouvement prit alors une autre forme. Dans la
Saxe, la Souabe, la Thuringe, la Franconie et les autres provinces circonvoisines,
des soulèvements éclatèrent contre les magistrats. La Suisse elle-même fermentait.
Zwingle et ses doctrines avaient ameuté

les paysans contre les évêques, les moines et les personnes consacrées à Dieu. Les églises élevées par l'antique foi des ancêtres, on les dévasta ; les images des saints et tous les vestiges de l'autorité religieuse furent détruits. Cela fait, les paysans croyaient avoir défendu la doctrine de l'Évangile, et avoir écarté d'eux la servitude. Nous avons dit quelle haine s'attachait à ces pierres vivantes dans lesquelles s'incarnait l'esprit du vieux monde. Non contents de détruire le passé, les paysans formaient entre eux une vaste association. Par serment, ils s'engageaient à se soutenir les uns les autres contre la tyrannie. Ceux qui refusaient d'entrer dans cette association agricole étaient maltraités. Quelques villes tombèrent au pouvoir des fédérés. On fit agir contre eux la force publique. Les princes donnèrent l'ordre de les saisir ; quelques-uns furent brûlés à feu lent ou pris aux cheveux par le bourreau qui leur coupa la tête. Les autres, dispersés par la frayeur, se jetèrent çà et là. Les violences locales ne firent qu'exaspérer chez les paysans le sentiment de leurs droits. Le mouvement devint ainsi général, et s'organisa par la répression même.

De tous les mystères de la foi chrétienne, celui que la Réforme avait le plus remis en lumière, en appuyant sur la nécessité de la grâce, c'était le mystère de la rédemption. Or, dans cette rédemption acquise, par le sang du Fils, les masses ne virent pas seulement le salut de leur âme, une mystique délivrance du péché et de la mort éternelle; elles y virent aussi le rachat de leurs droits politiques.

Si pressé que fût Münzer d'en finir avec la tyrannie féodale, il croyait prudent de différer les hostilités. Soit qu'il voulût mettre les seigneurs dans la nécessité d'attaquer les paysans, et leur ôter ainsi la dernière apparence du droit; soit qu'il ne regardât point ces bandes agricoles comme suffisamment exercées au métier des armes, il eût voulu attendre un an. Ce n'est pas tout pour un parti que d'avoir de son côté la justice, il faut encore que cette justice soit comprise de tous. Or, parmi les paysans, si quelques-uns obéissaient, en entrant dans la coalition, à un sentiment consciencieux, le plus grand nombre d'entre eux étaient remués par des appétits brutaux et aveugles. Ces appétits étaient d'ailleurs surexcités chez eux par de longues privations et par l'ignorance. Peu instruits de leurs droits, ils ne voyaient dans la guerre qu'une occasion de pillage : aussi la guerre tentait-elle leur inexpérience et leur audace. Les retenir, c'était s'exposer à leurs murmures, à leurs soupçons. Münzer, le chef spirituel des paysans, voulut d'abord résister à l'ébranlement général ; mais les impatiences de la masse trouvèrent de l'écho dans un homme de ses amis, Pfeifer, un de ces esprits aventureux et irréfléchis qui prennent toute hésitation pour de la faiblesse. Münzer céda : il n'était d'ailleurs plus maître du mouvement qui, excité par lui, avait fini par entraîner le peuple et le chef lui-même.

Les forces des paysans étaient d'ailleurs considérables, mais éparses ; Münzer craignait, non sans raison, qu'une attaque subite des nobles, une surprise, en taillant en pièces quelques bandes isolées, ne jetât la terreur et la désertion dans toute la masse. Le moyen de les réunir était d'entrer en campagne. Pfeifer partit à la tête d'une horde qui dévasta les églises, brûla les châteaux, saisit les hommes des principales familles, et revint à Mulhouse chargée de butin. Ce fut le premier pas dans une voie où il n'y avait plus à s'arrêter. Ce premier succès fut suivi d'un second, et l'heureux début de la guerre inspira aux paysans l'assurance de tenter de plus grandes entreprises. Les monastères furent renversés, les évêques chassés, les moines éconduits, les religieuses engagées dans des liens plus doux que ceux du cloître. Ce n'était que temples mis au pillage. Les trésors des églises furent dépouillés et appliqués à l'utilité publique (1). Les cens, les impôts, les tailles abolis ; la liberté rendue : c'était une nouvelle aurore pour l'humanité. A la place des messes supprimées, des institutions économiques, toutes nouvelles, avaient surgi. Le culte exérieur faisait place à un ordre social dans lequel les droits du faible étaient protégés. L'Évangile quittait les hauteurs et les spéculations mystiques, pour s'incarner dans les lois, dans les mœurs et dans les rapports de citoyen à citoyen, d'homme à homme.

(1) *Æraria spoliata omnia, publicæ utilitati consultum hoc est bonis ad præscriptum Munzeri in communem usum relatis.*

Les écrivains orthodoxes déplorent, non sans raison, les ruines que cette réforme violente sema sur son passage. Après le sac des églises et des châteaux, les paysans s'attaquèrent aux personnes, harcelèrent les barons et les comtes, remplirent le pays de terreurs. Deux ordres de causes déterminèrent le caractère de cette guerre. Les bandes de paysans étaient animées par une ardeur de détruire qui tenait à leur période sociale. Cette période était celle de l'enfance. Dans les premiers âges de l'agriculture, quand il s'agit de défricher les landes, de porter le fer dans les forêts vierges, et d'ouvrir le sein de le terre, la nature se sert, pour soumettre la nature, des forces dévastatrices qu'elle a mises dans le cœur de l'homme, et surtout dans le cœur des races jeunes. Dirigées, comprimées, ces forces concourent vaillamment à la production; mais, pour peu que le hasard les détourne de la lutte avec la terre, elles se répandent en ravages.

Les causes morales qui contribuaient à rendre cette guerre furieuse et spoliatrice ne sont que trop faciles à découvrir. Les paysans n'avaient-ils pas, pour les conseiller dans leurs pillages, l'exemple des seigneurs qui vivaient sur leurs terres en oiseaux de proie? Ces châteaux n'étaient-ils pas eux-mêmes des nids de brigandage et de rapines? contre de tels ennemis, les violences devenaient des représailles.

L'extermination des églises et des châteaux (car encore une fois ces édifices étaient des êtres) avait un motif tout politique. L'ardeur que les paysans mettaient à détruire les signes de la tyrannie féodale et cléricale était en raison de l'importance que les nobles et les prêtres avaient mise à leur imposer ces signes. Si l'Église eût renfermé le culte dans le cercle des devoirs qui relient l'homme à la Divinité, la démolition des autels et des statues aurait été un acte de barbarie; mais, quand on regarde aux mobiles qui dirigeaient alors le monde politique et social, on reconnaît, tout en regrettant les ravages de ces guerres religieuses, que le marteau fut logique. Dans un ordre de choses où les heureux, les privilégiés couvraient de la responsabilité divine l'inégalité des conditions humaines, où les uns étaient censés naître la chaîne au cou, tandis que les autres naissaient promis à toutes les jouissances, frapper le culte extérieur, c'était frapper la sanction et la garantie de l'esclavage sur la terre. En mettant en lambeaux les ornements d'église, ce n'était pas Dieu que les paysans déchiraient, c'était la livrée de Dieu dans le monde ; ils punissaient, dans ces signes matériels et consacrés, l'audace de certains hommes qui avaient pris à l'Éternel ses grandeurs pour en habiller leurs vanités, leurs misères, leurs petitesses, leurs injustices.

Si les entreprises des paysans furent violentes, la répression des nobles fut atroce. Philippe, landgrave de Hesse, et Henri, duc de Brunswick, craignant que les progrès du mal ne vinssent à gagner leurs sujets, résolurent de les écarter de la révolte par la terreur. Ils rassemblent des soldats, assiégent la ville de Fulda, tuent un grand nombre de paysans, emmènent les autres captifs, et en font mourir trois cents de faim dans une caverne.

Ces *exemples*, disent les historiens surpris, ne servirent de rien. Irrités à la vue de telles horreurs, les paysans se ruèrent par bandes plus pressées sur les chemins, flairant et suivant les princes à la piste du sang versé.

Jusqu'ici le territoire de Mansfeld était resté intact ; le comte se réjouissait de cet état tranquille, quand les paysans, qui avaient fait un pacte avec Münzer, se soulevèrent. Les églises tombent en leur pouvoir ; ils les dévastent, et, comme pour assouvir leur rage, ils les réduisent en cendre. Les monastères servent de quartier général au mouvement, puis ils s'écroulent sous les flammes. Münzer, que le zèle de la sainte cause transporte, attend chaque jour les mineurs, qui ne paraissent pas encore. L'habileté du comte les a retenus dans l'inaction, en leur faisant des promesses et des avances. C'est alors que Münzer écrit au comte de Mansfeld cette lettre furieuse : « Crois-tu donc que Dieu, dans sa colère, ne puisse pas se servir du peuple, malgré son ignorance, pour détrôner les tyrans ? La mère de Jésus l'a prédit : « *Il a déposé les puissants de leur siége, et il a élevé les humbles.* » Ce sont ces humbles que, toi et les tiens, vous avez méprisés. Les paroles de l'Écriture s'adressent à vous. A vous encore ces menaces du prophète : « *Dieu repaîtra les oiseaux*

u ciel de la chair des princes; il étanchera
sa soif des bêtes sauvages dans le sang des
grands. Qu'en penses-tu, comte? Qui
croyez-vous que Dieu ait le plus à cœur,
le peuple ou vous, tyrans impies? Comte,
sous le nom de chrétien, tu n'es qu'un
païen : la foi est un voile dont tu veux te
déguiser. A l'exemple du pape, tu t'efforces
de couvrir de Dieu une magistrature im-
pie ; tu marches sur les traces de l'Église,
qui, par raison d'État, a fait de Pierre et
de Paul, ces grands apôtres, des bourreaux. Si tu veux enfin reconnaître que
Dieu n'a donné le pouvoir qu'à la commune, viens, comparais devant nous, et
nous t'accueillerons comme un frère; sinon, nous combattrons contre toi ainsi
que contre un ennemi déclaré de la foi
chrétienne. Tiens-toi pour averti ! »

Arracher l'autorité à quelques hommes
pour la déposer dans les masses, dans la
commune, c'était toute la doctrine de
Münzer, ce hardi sectateur de la souve-
raineté du peuple. Par malheur, comme
toutes les idées venues trop tôt dans le
monde, Münzer avait encore plus à souf-
frir de ses amis que de ses ennemis. Quand
il regardait aux actes et au caractère des

paysans, il se demandait avec angoisse si ces hommes-là étaient dignes de la liberté. La division était parmi eux. Aux grands principes de l'Évangile nouveau, ils mêlaient leurs passions brutales, leurs convoitises, leurs jalousies; ils suivaient l'étendard du droit comme les chacals suivent les drapeaux, en vue du pillage et de la curée. Hardis et indisciplinés envers leurs chefs, faibles devant le péril, ils auraient tous voulu vaincre sans combattre. Pleins d'illusions, ils se reposaient, comme des enfants, sur la Providence, et attendaient d'un secours surnaturel le succès de leur cause. Cette confiance, il faut le dire, était encouragée par le langage mystique des Enthousiastes. Dieu aide ceux qui s'aident eux-mêmes : les paysans en firent la triste et sanglante expérience. Ils venaient d'occuper Œstheruse, et attendaient ceux de Frankenhausen, lorsque le comte Albert de Mansfeld accourt avec de la cavalerie. Le bourg est cerné; on enfonce les portes; le combat s'engage. Ce n'est pas un combat, c'est une boucherie. Taillés en pièces, foulés aux pieds des chevaux, consumés par le feu qu'on jette dans les maisons où ils s'é-

aient réfugiés, les paysans tombent sous
les coups de leurs ennemis. Ceux qui
réussissent à prendre la fuite se retran-
chent sur Frankenhausen. Alors on peut
connaître l'étendue du désastre : trois
cents paysans étaient restés dans le bourg :
le fer ou la flamme les avait dévorés. A la
nouvelle de cette défaite, Münzer envoie
des messagers pour donner ordre aux
bandes de se réunir. Il menace de traiter
en ennemis ceux qui mettraient bas les
armes, ou qui resteraient tranquilles spec-
tateurs de la lutte. Seule, l'unité des opé-
rations pouvait sauver la campagne. Ce
fut alors un bien triste spectacle : des
bourgs, des villages, des coins les plus re-
culés, les paysans sortent comme des
chiens enragés, errent dans la campagne,
et se rendent à Franckenhausen pour re-
trouver Münzer. Derrière eux, les femmes,
les enfants rugissent.

Plusieurs princes de l'empire s'étaient
réunis de leur côté pour accabler le mouvement des campagnes. Tous s'avouaient
que leur perte était imminente, si, rassem-
blant toutes leurs forces, ils n'attaquaient
au plus vite les tourbes séditieuses. Leurs
paysans eux-mêmes, dit Cochlæus, s'agi-

taient. Ayant donc levé des soldats et fait à la hâte des préparatifs de guerre, les nobles conduisirent leur armée sur Frankenhausen. A l'approche des troupes régulières, les paysans quittèrent le bourg et allèrent camper sur la montagne voisine avec leurs chars. Cette éminence a gardé le nom et le souvenir des combattants; elle s'appelle encore aujourd'hui *Schlachtberg* (mont de la bataille). Là, les paysans de Münzer, comme les anciens Thaborites, firent de leurs chars un mur, un rempart pour se mettre à couvert du choc de la cavalerie. La terreur des paysans, à l'arrivée de ces seigneurs, n'est comparable qu'à la terreur du chien qui a vu le tigre.

Le moment était venu de tenir le serment des campagnes, et déjà le courage, la fierté de plus d'un paysan faiblissait. Le souffle de ces bêtes féodales avait frappé de stupeur des hommes simples et étrangers au métier des armes.

Les paysans écrivirent aux princes. « Nous confessons Jésus-Christ. Nous ne sommes point ici pour nuire à personne, mais pour conserver la justice divine; nous ne venons point pour répandre le

sang. Si vos intentions répondent aux
nôtres, nous ne vous ferons aucun mal. »
Les historiens sont libres de voir dans
cette lettre des signes de repentir et de
frayeur; mais qui peut nier que le langage des paysans ne fut convenable et
humain? Pourquoi calomnier des malheureux qui se disent les conservateurs du
droit et de la justice?...

La réponse des nobles fut dédaigneuse:
« Nous, auxquels Dieu a remis le glaive
pour punir les blasphémateurs, nous ne
pouvons point entrer en accommodement
avec des misérables hommes, des séditieux qui ont foulé aux pieds les choses
saintes. Nous sommes venus ici pour ré-
primer leurs excès. Néanmoins, comme
plusieurs d'entre eux ont été séduits,
poussés que nous sommes par la charité
chrétienne (quelle charité!), nous avons
arrêté de les traiter avec clémence, s'ils
veulent remettre vivants entre nos mains
leur faux prophète, Thomas Münzer, et
ses principaux disciples. Qu'ils répondent
vite!»

C'était mettre la conscience des paysans à une rude épreuve. Si mêlés que
fussent les éléments de cette tourbe, le

sentiment de l'honneur l'emporta sur celui de la conservation. Münzer opposa l'orage à l'orage. Bouillant, impétueux, il poussait l'audace jusqu'à la jactance. « Leurs bombes, leurs boulets, s'écriait-il, je les recevrai dans le pan de ma robe. » Peut-être voulait-il se donner par ces exagérations la confiance qu'il n'avait plus.

Autour de lui ce n'étaient que motifs de tristesse. Il était évident que parmi ces hommes beaucoup étaient venus pour le butin, non pour la bataille. Jusqu'au dernier moment, Thomas Münzer s'aveugla lui-même dans son exaltation. Craignant que ses frères ne se rendissent, il ne cessait de les enflammer par ses discours. Tantôt il réveillait dans leurs cœurs défaillants la haine des princes, tantôt l'amour de la liberté. Au moment où il haranguait ses troupes, un arc-en-ciel parut au-dessus de leurs têtes. C'était aussi un arc-en-ciel que les paysans portaient sur leurs drapeaux (1). A la vue de ce signe, qui

---

(1) Il existe entre les signes des relations mystérieuses : par quelle subite inspiration le peuple français, en 1830, chercha-t-il dans les trois couleurs, comme l'a dit un poëte, *l'arc-en-ciel de la liberté?*

se combinait si bien avec la situation :
« Regardez, s'écria Münzer, voici la main
de Dieu qui, par un heureux augure, vous
promet son assistance et la victoire! »

«La perte de nos ennemis est certaine,
continua Münzer dans son enthousiasme.
Que les vaines menaces des princes ne
vous ébranlent pas! que ces cavaliers et
ces fiers soldats ne vous intimident pas :
leurs conseils ne tendent qu'à vous faire
déposer les armes; après vous avoir fait
grâce (quel mot!), ils vous opprimeront
d'une servitude plus lourde. Leur clémence est un leurre. N'ayez confiance
qu'en Dieu; ne pactisez point avec l'ennemi. Élancez-vous sans crainte; aigui-
sez vos glaives dans le corps de vos tyrans. Dieu, je le sais, vous sera en aide :
il vous délivrera de la main des impies.»

La cause était juste; le ciel devait
donc être pour eux : les paysans, à cette
voix, reprirent quelque assurance.

Ziska, lève-toi! Viens voir tes enfants,
les successeurs de ton œuvre, les paysans
d'Allemagne, qui marchent sous le drapeau de l'affranchissement. Ce drapeau,
tes mains le soulevèrent en Bohême, et
il fit trembler les princes de la terre! O

grand aveugle! *brave taupe* (1)! soutiens par ton inspiration ces courages incertains!

Dans l'armée des princes marchaient, sous la même bannière des hommes d'opinions et de croyances bien différentes, les uns orthodoxes, les autres luthériens; ces hommes, qui, sur tout autre champ de bataille, se seraient mutuellement coupé la gorge, se montrèrent sur celui-ci d'un accord parfait: leur lien était la peur. Dans les doctrines des paysans, ils avaient entrevu le spectre d'un nouveau monde qui devait les dévorer tous. L'égalité, cette tête de Méduse, se montrait à eux derrière la tête odieuse de Thomas Münzer. Ressentiments, divisions, querelles d'Églises, ils oublièrent tout et se réunirent dans la haine que leur inspiraient les agitateurs. Cette fusion (comme on dit maintenant) fut toute politique: tant que le ciel seul était ébranlé, les dieux avaient bien pu combattre et se disputer entre eux pour tel ou tel point de liturgie; mais, du jour où le sol de la société tout entière trembla,

(1) Shakspeare.

où les bases de ce qu'on appelait l'ordre des États furent attaquées, oh ! alors, il n'y eut plus que deux partis dans le monde du seizième siècle, les forts et les faibles ; dans un des deux camps, le privilége ; dans l'autre, le droit.

Ce fut un choc terrible.

Des deux armées en présence, l'une était de trop sur le monde : elle devait tomber sous les coups de l'autre. Quand deux principes s'affrontent, ils impriment à la guerre je ne sais quel caractère impitoyable. Les paysans avaient couru aux armes. Ils invoquèrent le Dieu nouveau : « *Descends, ô Saint-Esprit, notre Seigneur !* » Ce fut plutôt un hurlement qu'une prière. A ces voix tumultueuses répondit le bruit du canon. Les nobles avaient donné le signal et poussé leur armée contre le camp ennemi. Déjà la montagne est cernée. Les chariots derrière lesquels les paysans s'étaient retranchés s'ébranlent ; le rempart est enlevé, détruit ; le canon prend les paysans par derrière et les refoule sur les lances, où ils meurent par milliers, percés de coups. C'est un carnage immense. Au milieu de ce massacre, la plupart des paysans ne se défendent presque plus : ils reçoivent la mort, et leur fière attitude semble prendre le ciel et la terre à témoin de la justice de leur cause qui succombe.

Ceux d'entre eux qui avaient réussi à prendre la fuite, se retirèrent à Frankenhausen, comme en un lieu sûr. L'armée des nobles les poursuivit. On les abattit dans leur retraite, comme des animaux de boucherie. Les soldats ayant pris la ville, tout ce qui se rencontrait devant leurs armes tomba. Six mille paysans périrent dans cette bataille. Il y eut plus de trois cents têtes coupées. On ne peut se faire une idée du triste état de ces lieux : que de sang répandu, que de calamités et de misère dans la ville!

Les paysans, dit un historien, cherchaient la liberté, et ils trouvèrent la mort.

Münzer s'était réfugié dans une maison voisine de la porte de la ville. S'étant déshabillé, il se mit au lit, pensant bien que personne ne viendrait le chercher dans cette retraite. Le contraire arriva. Un gentilhomme, Otto d'Ebbe, entra dans la même maison pour y passer la nuit. Son domestique, curieux de voir quel genre d'hôtel son maître avait choisi, monta au premier, où il trouva un homme couché dans un lit. — « Qui êtes-vous? — Je suis un pauvre malade. » Le valet flaira une ruse sous cette réponse, et pressa son homme de questions. Il ne put toutefois tirer de l'inconnu son secret. Il allait redescendre, quand, alléché par une espérance de butin, il fouilla dans le sac du faux malade et y trouva les lettres que le comte de Mansfeld avait adressées aux paysans. Il n'y avait plus à dissimuler. Le nom de Münzer ne fut pas plus tôt prononcé, que, demi-nu, il fut tiré de son lit et conduit devant les princes. Le landgrave de Hesse se sentait ce jour-là en humeur de discuter, il demanda donc à Münz pourquoi il avait entraîné tant de milliers d'hommes dans un si grand désastre : « Ce que j'ai fait, répondit fermement Münzer, m'a été conseillé par la tyrannie des princes : je les ai vus ne montrer aucune miséricorde envers leurs sujets, leur ravir toute liberté, retarder le cours de l'Évangile sur la terre : mon devoir était de châtier ces maîtres, ennemis de Dieu et de l'humanité. »

Le landgrave insista : par le texte des

Écritures, il voulut prouver qu'il y avait
ici-bas deux espèces d'hommes, les uns
nés pour commander et les autres pour
obéir, et qu'ainsi la sédition était le plus
grand des crimes. A cette théorie de tous
les despotismes, Münzer dédaigna de répondre : il attacha ses regards à la terre,
et sourit amèrement.

Ensuite, on le mit sur un char et on
l'envoya dans le château de Heldrungen
à Ernest, comte de Mansfeld, celui auquel
Münzer avait écrit, on s'en souvient, une
lettre menaçante. Ce gentilhomme donna
ordre de le mettre à la question. Münzer
fut torturé à outrance, *horrendum supra
modum*. Divers instruments lui mordirent
la chair ; on tenait surtout à arracher de
sa bouche le nom de ses complices. Si l'on
déploya contre lui ce luxe de violences,
disent les historiens, c'est que plus que
tout autre il avait répandu dans les masses
le virus de sa langue. « Cela te fait mal, disait le duc Georges en fixant d'un œil sec
et railleur l'agonie du patient; cela te fait
mal, mon ami : eh bien, rappelle-toi ceux
qui souffrent pour toi dans ce moment. » —
« Ils l'ont voulu, » répondit Münzer, auquel
la mort violente des paysans déchirait

l'âme, mais qui tenait à leur laisser le mérite du sacrifice.

Comment les princes osaient-ils, d'ailleurs, reprocher à Münzer leurs propres violences ? C'est l'habitude des bourreaux de rejeter sur leurs victimes la responsabilité du sang versé.

Cependant les princes marchaient avec leur armée sur Mulhouse. Ils venaient châtier les rebelles et détruire le quartier général de l'insurrection. A la vue d'une si grande quantité de troupes, les habitants, inférieurs en forces, envoyèrent des orateurs, choisis parmi les principaux citoyens, et chargés d'obtenir grâce en rendant la ville. Les princes furent impitoyables. Tous les chefs du mouvement eurent la tête tranchée. La ville rendue, on lui imposa quarante mille florins de contribution. La femme de Münzer, grosse depuis quelques mois, fut violée par un soldat en présence de l'armée. Quand on la releva, elle était morte.

Pfeifer s'était jeté hors de la ville avec deux cents braves : atteint par une troupe de cavalerie, il se défendit comme un lion, et fut pris. Pendant le chemin, un des courtisans du prince de Saxe, s'étant approché du char sur lequel Pfeifer était lié, le malheureux lui demanda à boire. Comme ce courtisan le connaissait, il lui apporta ce qu'il demandait. La soif de Pfeifer était si grande, qu'il but douze verres d'eau.

Après une longue torture qui lui avait brisé tous les membres, Münzer fut tiré de la tour de Heldrungen et transporté à Mulhouse, dans le camp des princes, avec Pfeifer et vingt de ses complices, auxquels on devait couper la tête. Avant de recevoir sur le cou le tranchant du glaive, Münzer se tourna vers les princes et leur adressa la parole : « Prenez garde, leur dit-il, et pourvoyez mieux dans l'avenir à votre sûreté : ne chargez pas autant que vous le faites de pauvres misérables ; ce serait le seul moyen d'éviter que de tels mouvements ne s'élevassent désormais dans le peuple. » Ces conseils, adressés du haut de l'échafaud, par l'homme qui allait mourir, grandissaient Münzer de trois siècles : il était, dans ce moment, le fantôme de la révolution future. Cette révolution, les nobles auraient pu l'éviter en suivant les avis qu'il leur donnait : il les exhorta de plus à lire la Bible, et à se montrer équitables envers les faibles. Après ce sermon, il mit sa tête sur le billot, en priant.

Pfeifer, lui, reçut la mort avec l'insensibilité d'une pierre.

Telle fut la fin de Münzer et de ses complices.

Allemagne, à genoux ! cet homme qui vient de tomber était un grand homme. Pour transformer un peuple de paysans en un peuple de soldats, il lui avait fallu du génie ; plus même que du génie : de la foi. Il se proposait pour idéal le règne de l'égalité et de la liberté (1). Après sa mort, ce prétendu royaume de Dieu fut traité de chimérique ; mais les germes d'un changement n'en étaient pas moins déposés dans le cœur des masses par le sang même du martyr. « Ne croyez pas que tout cela durera, » avait dit Münzer ; et, en effet, les institutions religieuses ou politiques sur lesquelles s'appuyait le moyen âge sont aujourd'hui ruinées partout. Le

(1) « Ils disaient que les hommes, étant tous également enfants de Dieu et mis par Jésus-Christ dans une pleine liberté, devaient tous être égaux en tout le reste, sans que personne pût prétendre légitimement de commander aux autres. » (*Histoire du P. Catrou.*)

tort de Münzer (ce tort lui vint de son siècle) fut d'envelopper les principes de la
régénération sociale dans les nuages du
mysticisme. Münzer était très-instruit
dans les lettres sacrées. Prêtre, il ne put
se dépouiller de ce ton judaïque et sacer-
dotal qui fermente dans ses discours. En
élevant sans cesse les espérances des
siens, en les assurant de l'intervention divine, il leur inspira une confiance dange-
reuse : au lieu de s'appuyer sur leurs propres forces et sur leurs armes, ils s'en-
dormirent dans la parole de l'Envoyé.

Au reste, c'est bien moins Münzer qui
manqua aux paysans, que les paysans qui
manquèrent à Münzer. Un peuple ne fait
jamais que les révolutions qu'il mérite
d'accomplir ; or le peuple allemand n'était
pas alors digne d'un changement social.
Les idées de Münzer étaient trop avancées
pour son siècle ; il fallait qu'après les avoir
révélées au monde, il les enveloppât quelque temps dans sa mort. Ce qui resta de
lui, comme de Zisca, ce fut une terreur.
Luther lui-même avoue qu'il ne pouvait
écrire ce nom (Thomas Münzer) sans
trembler. Qu'on juge par là de l'épouvante que Münzer inspirait, du fond de

on tombeau, aux princes, aux prêtres et aux magistrats! Calomnié, il le fut comme tous les réformateurs. S'il laissa plus de haine que les autres dans le cœur des grands, c'est qu'à l'éclat inquiétant des doctrines, faites pour troubler le repos des heureux et des privilégiés, il joignit dans ses entreprises l'usage matériel du glaive.

La guerre des paysans était terminée en principe; mais le sang ne cessa point de couler. Plus de cent mille paysans furent tués par leurs seigneurs. Triste et misérable était alors la face de l'Allemagne : d'inouïes et irréparables calamités, la terreur partout et le tremblement, des ruines, des massacres, la solitude. Dans l'Alsace seule, un duc Antoine tua plus de vingt-six mille paysans. Combien tomba-t-il de ces malheureux dans la Thuringe et dans la Franconie ! combien l'électeur palatin en détruisit-il? combien le marquis Casimir? combien tous les autres ? Cette manière de faire la guerre différait étrangement de la méthode qu'on suit dans les batailles rangées, où, roi contre roi, princes contre princes, bataillons contre bataillons, s'avancent. Ici, cette tourbe rustique, ignorante de l'art militaire, mal armée, se précipitait en désordre, ou s'agglomérait en rond par frayeur ; ce n'était pas une guerre, c'était un massacre. De là vint que les paysans ne sachant ni combattre, ni tenir pied, succombèrent en si grand nombre. Du côté des princes, au contraire, il y en eut fort peu de tués. C'était une lâche férocité de la part des nobles que de profiter de cette inexpérience militaire pour attirer ces malheureux dans de véritables guets-apens. Les princes assassinèrent les paysans ; mais, circonstance très-atténuante aux yeux de l'histoire, ils les assassinèrent avec toutes les formes de la guerre.

Pour exercer ces actes de violence et de barbarie, les nobles se retranchaient derrière une excuse : ces paysans n'étaient-ils pas des Vandales ? n'avaient-ils pas mis tout à feu et à sang ? Dans la Franconie seule deux cent quatre-vingt-treize monastères et châteaux n'avaient-ils pas été détruits et dévastés par eux? Nous ne nions pas ces ravages ; encore moins les approuvons-nous ; mais nous devons à l'histoire et à la vérité de dire que les seigneurs luthériens avaient eux-mêmes donné le signal du pillage. Bon nombre de nobles n'avaient été attirés dans le parti de la Réformation que par l'espoir du butin; la sécularisation des biens du clergé était une proie qui flattait leurs convoitises. Les premiers, ils avaient dépouillé les monastères et les églises. Ces actes de brigandage, qui étaient regardés comme de bonne guerre dans la main des seigneurs, devinrent crimes de la part des paysans. Assaillir les abbayes et les temples, soit; mais les châteaux, avait-on jamais rien vu de semblable? Le moyen âge féodal ne demandait pas mieux que de détruire le moyen âge clérical; seulement le seigneur protestant lui-même frémit de colère, quand il vit que, par l'anéantissement des richesses et des bénéfices ecclésiastiques, il avait ouvert la brèche à la ruine de ses propres priviléges. Hélas! cette dévastation des châteaux, les malheureux paysans qui survécurent à la guerre la payèrent bien chèrement : leurs seigneurs les obligèrent à reconstruire ces édifices sur leur travail et à leurs frais (1).

(1) *Sedato tumultu, superstites rustici suo labore ac sumptibus dominis suis œdificia reparare coacti sunt.*

Ainsi finit la guerre des paysans.

Accablée dans les campagnes, la sédition gagna les villes. Le peuple se soulevait contre le clergé et contre les magistrats. A Francfort les deux chefs du mouvement étaient un tailleur et un chaussetier. Ayant fait prendre les armes à la population, ils se jetèrent sur le couvent des frères prêcheurs et sur quelques maisons de chanoines ; la brèche est ouverte, ils entrent. Le sénat est déposé. A sa place on installe vingt-quatre citoyens choisis dans le peuple, auxquels tous les pouvoirs sont conférés. Ces nouveaux sénateurs publient certains articles qui soulèvent aisément la multitude contre l'ancien sénat et contre le clergé : plus de cens ni d'impôts. — Plus de dîmes, — Plus d'ordres mendiants. — A l'avenir, les monastères ne recevront plus de religieux ni de religieuses, mais on sera libre d'en sortir. — Le droit d'élire les pasteurs appartiendra désormais au peuple et au sénat. — Les bénéfices ecclésiastiques seront réduits et le superflu sera réparti aux pauvres, etc., etc. — Ces articles furent sanctionnés par le peuple ; on contraignit le clergé par la menace à les approuver.

L'Église touchait peut-être au schisme,
qui éclata plus tard en France, lorsque
les princes intervinrent et abrogèrent ces
articles. On mit en prison ceux qui s'opposaient au rétablissement de l'ancien régime. A Cologne et dans d'autres villes, le
peuple voulut de même retrancher des
priviléges au clergé ; mais partout, après
quelques agitations, le passé revenait, et
de sa main de plomb refoulait, écrasait
les germes d'un ordre nouveau.

Dans cette guerre, ce ne fut ni le nombre ni la justice qui l'emporta, ce fut l'organisation militaire. L'ancien monde clérical et féodal était armé de toutes pièces ;
attaqué, il se défendit avec fureur. Les
hordes rustiques, au contraire, agissaient
tumultueusement et séparément. Elles n'a-
vaient ni discipline, ni unité d'action, ni
unité de but. Cette réforme sociale, parmi
les paysans, les uns la voulaient plus étendue, les autres moins complète. Les nobles, au contraire, à défaut d'une même
croyance religieuse, avaient un lien matériel qui les réunissait tous, l'intérêt. Catholiques, luthériens, athées, qu'importe?
Ils croyaient à la divinité de leur race.
Ils s'entendaient entre eux pour conserver

du passé ce qui les distinguait des autres hommes. Ils combattaient pour leurs priviléges et leurs châteaux, *pro aris et focis*.

Du côté des paysans, l'intérêt était encore bien plus grand; car il s'agissait de leur travail, de leur vie même, de leur famille; mais cet intérêt était loin d'être compris par tous. Des moyens qui se présentaient à eux pour améliorer leur sort, ils choisissaient, non les plus justes ni les plus efficaces, mais les plus violents. Leur défaite fut en partie leur ouvrage; peut-être cette défaite était-elle nécessaire. Il était bon que, dans l'intérêt de leur propre cause, les paysans succombassent. Vainqueurs, qu'auraient-ils fait de leur victoire? Ils n'auraient pas su l'organiser, peut-être même l'auraient-ils souillée par des excès. Leur chef, Thomas Münzer, quoique très-avancé pour son siècle, avait plutôt l'intuition que la science. Rien ne pouvait sortir alors de cet orage biblique. Par leur sacrifice, au contraire, les paysans s'attirèrent le respect de l'avenir, et méritèrent à leurs doctrines de renaître un jour. Le moment de la réparation viendra pour eux; il est venu : déjà l'Allemagne élève à leur mémoire des monuments his-

...oriques. Thomas Münzer n'a point eu de tombe ; ses cendres ont été jetées au vent, mais le vent les a dispersées comme une semence. Cette semence a levé. Les paysans n'ont point été tués en vain ; eux morts, leur protestation reste : tu le sais, toi, pauvre Allemagne !

Jésus-Christ disait : « Où vous serez trois rassemblés en souvenir de moi, je serai au milieu de vous. » De même tout homme qui meurt pour la justice, peut dire : « Où il y aura sur la terre deux êtres qui souffrent et qui espèrent, je serai avec eux, je revivrai en eux et par eux. » Sous tous les toits de chaume, où grelottent l'hiver de pauvres enfants, où les femmes pleurent, où l'homme soupire et attend, Thomas Münzer est là.

La guerre des paysans fut en Allemagne un développement des doctrines et des faits qui avaient déterminé en France, sous Louis le Gros, le mouvement des communes. C'est à l'avenir qu'il appartenait de tirer les conséquences de ces principes.

V

FIN DE LA GUERRE.

L'oraison funèbre de Thomas Münzer et des paysans fut prononcée par la bouche de Luther. A peine eut-il appris à Wittemberg le désarroi de ces malheureux, qu'il éclata en un libelle furibond. Le titre était : « Terrible jugement de Dieu sur Thomas Münzer, par lequel Dieu constate dans cet homme l'esprit de mensonge, et le condamne. » Le principal argument sur lequel Luther appuyait ses invectives, c'était la défaite des paysans ; comme si la défaite d'une doctrine était pour elle une présomption d'erreur ; comme si le droit n'avait jamais succombé ; comme si la bonne cause n'avait jamais eu les dieux contre elle (1) ! Juger d'une opinion par le succès, y penses-tu, Luther ?

Quand bien même Münzer et les siens se seraient souillés de quelques violences,

(1) *Victrix causa diis, sed victa Catoni.*

n'excuserait pas le ton de dureté avec lequel le père de la Réforme tombe sur des vaincus. Leur infortune n'est pour Luther qu'une occasion de s'exalter lui-même : « Regardez-moi, s'écrie-t-il, regardez mes actes ; sans avoir recours au glaive, par la seule arme de ma parole, n'ai-je point nui au pape, aux évêques, aux prêtres et aux moines, plus que les empereurs, les rois et les princes, avec toute leur puissance, ne sont en état de leur nuire? Le monde sera détruit par ma bouche. Il n'est point nécessaire de recourir à la sédition corporelle. Le Christ autrefois a commencé cette guerre pacifique que je continue contre le pape. Enseignez, parlez, écrivez, prêchez, démontrez que les grandeurs humaines ne sont rien. Dissuadez chacun ou chacune de se faire prêtre, moine ou religieuse; si quelqu'un est engagé dans cet état, conseillez-lui d'en sortir. Ne donnez plus désormais d'argent pour les bulles. Ne payez plus l'Église, et l'Église ne vous opprimera plus. Attaquez les idées sur lesquelles reposent les institutions, les lois, les pratiques du vieux monde; vous verrez alors ce qui restera du pape et de tout ce régime bâtard. »

En deux mots, Luther voulait alors que la Réforme se renfermât vis-à-vis du clergé et de la noblesse orthodoxe dans une opposition morale. Seulement, le fougueux moine Augustin n'avait pas toujours tenu le même langage : « Si la fureur des suppôts de Rome devait continuer, s'écriait-il en 1517, dans une brochure, il ne nous resterait plus d'autre remède que la violence. L'empereur, les rois et les princes feraient alors bien de s'armer, et d'attaquer ces pestes du genre humain. Quand nous châtions les voleurs par la potence, les brigands par le glaive, les hérétiques par le feu, pourquoi ne pourrions-nous point passer par les armes ces magistrats de perdition, ces cardinaux, ces papes et toute cette canaille de la Sodome romaine, qui corrompt sans fin l'Église de Dieu? Pourquoi ne laverions-nous pas nos mains dans leur sang?... » Thomas Münzer n'avait jamais rien écrit de plus violent; mais le Luther de 1525 n'était plus le Luther de 1517 ; de révolutionnaire, le moine excommunié s'était fait conservateur, le jour où il avait cru pouvoir accommoder sa Réforme religieuse à l'état politique de l'Allemagne.

Tout en tonnant contre les paysans ré-
voltés, Luther avouait lui-même que les
causes de cette guerre remontaient jusqu'aux princes, jusqu'à leur insupportable
avarice. « Ce ne sont point les paysans,
leur criait-il, c'est Dieu lui-même qui s'op-
pose à vous : il visitera votre tyrannie par
le fer. S'il ne prévient de grands et irréparables malheurs en vous châtiant lui-
même, c'en est fait de l'Allemagne : elle
sera tout entière ravagée. » Cela n'empê-
chait pas Luther de se retourner, comme
un sanglier mordu, contre les paysans :
« Rien n'est, dit-il, plus diabolique au
monde qu'un homme séditieux. Il est bon
de le tuer comme un chien enragé. Si tu
ne le frappes pas, il te frappera, et toute la
province avec toi. » On tremble, quand on
songe que cette provocation au meurtre
tombait de la bouche de Luther, au moment où les derniers paysans qui restaient
de la guerre erraient çà et là autour de
leurs cabanes dévastées. On fit ce que
conseilla l'homme de paix ; on les assomma.

Du fond de leurs solitudes désolées,
les paysans, poursuivis par les nobles, et,
pour comble d'outrage, calomniés par leur
pasteur spirituel, répondaient à Luther :

« C'est de vous que nous avons appris à nous révolter contre l'autorité ! »

Cette inhumanité de Luther envers des vaincus étonne dans un caractère qui ne manquait, après tout, ni de noblesse, ni de courage. Il alla jusqu'à écrire, par la main de son disciple et ami, le doux Mélanchthon, un violent et hideux pamphlet contre Münzer. Insulter un ennemi mort !.. Tant de fiel ne s'explique bien que par une seule circonstance : ces deux hommes étaient du même parti. L'un et l'autre voulaient une Réforme, mais différente. Ces haines intimes qui naissent sur des nuances entre gens de la même opinion, de la même cause politique ou religieuse, acquièrent avec le temps un caractère d'intensité telle, que rien ne leur est comparable. L'ex-moine Augustin détestait bien moins ses ennemis déclarés que les partisans de la Réformation avec lesquels il était divisé. Ces derniers alarmaient chez Luther l'amour-propre d'auteur, en passant au delà des limites fixées par lui-même au mouvement d'idées qu'il regardait comme son ouvrage. C'est cette haine et la crainte d'être dépassé par les siens, qui le jetèrent dans une réaction

...sse. « J'ai tué Münzer, s'écriait-il ; sa mort me pèse ; mais je l'ai tué parce qu'il voulait tuer mon Christ (1). »

Dans cette Allemagne morcelée, divisée, subdivisée encore, le paysan subissait un double joug clérical et féodal. Luther (je parle du Luther de 1525) voulait bien l'affranchir des charges que lui imposait l'Église, et encore par des armes pacifiques ; mais quant aux servitudes et aux charges civiles, il les déclarait bonnes et sacrées, instituées de Dieu même, de peur que le paysan ne regimbât. Si Luther entrait ainsi dans les vues des seigneurs, s'il flattait leur domination en la couvrant de la Bible, c'était un peu par caractère (2), beaucoup par calcul. Il était dirigé en cela par un motif tout politique. Luther avait remarqué par lui-même que la Réforme faisait de rapides progrès dans tous les endroits où elle avait pour soutiens et pour appuis les seigneurs ; il l'avait vu, au contraire, s'introduire avec beaucoup de peine dans les États de l'Allema-

____

(1) Au point de vue social, le Christ de Luther était, à peu de chose près, celui des catholiques.

(2) Il aimait la société des landgraves, des ambassadeurs, des docteurs, etc., etc.

gne qui étaient défendus contre les nouvelles doctrines par la vigilance et la résistance des princes. Embrasser ouvertement le parti des faibles, associer la Réforme religieuse à une réforme sociale, c'était (et sur ce point Luther ne se trompait pas) enlever au nouvel Évangile ses patrons naturels : — tous ces nobles, qu'un sentiment de convoitise ou de rivalité animait contre Rome. Le calcul de Luther ne différait pas sensiblement de celui des évêques qui entrèrent, au temps de Constantin, dans l'alliance avec l'empereur, afin de réformer le monde par l'autorité.

Cette manière de voir tout humaine, n'avait qu'un inconvénient, mais suprême : en appuyant la Réforme sur l'ancien ordre social, Luther liait le verbe nouveau à un principe de dissolution. Une religion protégée est une religion qui témoigne elle-même ne point avoir foi dans son point de départ. Une doctrine qui serait assurée de venir de Dieu, repousserait comme une injure le secours du bras séculier. En acceptant le fardeau de ce patronage, le protestantisme, né de la liberté, mentit bientôt à son origine, et

devint, dans tous les États où il réussit à
s'établir, une religion d'autorité. Ainsi,
l'œuvre de Luther fut paralysée dans son
germe. Cette œuvre ne pouvait se développer que par une rupture entre l'ordre politique et l'ordre religieux. Du temps de
Luther, tous les États de l'Europe étaient
déjà minés par un sourd travail de dé-
composition : leur incorporer la Réforme,
c'était rattacher de nouvelles croyances
religieuses aux parties délabrées d'un édifice qui pouvait tout entraîner dans sa
chute; mais telle est l'éternelle inconséquence des réformateurs et leur peu de
foi, qu'ils croiraient tout perdu si leur
idée ne s'appuyait, eux vivants, sur les
soutiens de ce même passé qu'ils viennent
détruire.

Luther ne s'emporta si fort contre les
paysans que parce qu'il craignait que leur
révolte ne brisât l'alliance commencée entre la réforme religieuse et le pouvoir civil. En effet, telle est la bonne foi des partis que, malgré les sentiments bien connus
de Luther, les papistes firent remonter au
moine transfuge, à ses écrits, la responsabilité des troubles. Voilà, disaient-ils, les
fruits de ces nouvelles doctrines de li-

berté (1). A quoi Luther répondait : «Évêques et princes, si vous eussiez aidé la
chose dans son temps et que vous eussiez
donné carrière à l'Évangile ; si vous aviez
pris vous-mêmes l'initiative des changements nécessaires, combien la Réforme se
serait élevée et constituée tranquillement
par l'intervention des pouvoirs établis ! Au
lieu de cela, le diable a tout confondu.
Dieu a voulu qu'il en fût ainsi : il a voulu
que cet édifice d'abomination s'écroulât
de fond en comble sous sa colère, afin de
montrer que sa parole est plus puissante
que tout. Il faut qu'elle avance, quand
bien même mille mondes lui feraient obs-
tacle. Que gagne-t-on à lutter contre le
courant du fleuve et à retenir ce qui ne
peut être retenu ?...» Foi dans l'irrésistibi-
lité du progrès, dans la toute-puissance de
la parole libre, c'est à merveille ; mais
alors, pourquoi demander à l'autorité de
se faire la main de tes doctrines, ô Luther ?

(1) *Hic novæ doctrinæ, hic libertatis fructus a Luthero
prædicatœ. (Gerdesius.)*

CONCLUSION

Ainsi donc, le mysticisme et la Réformation religieuse n'étaient point capables d'accomplir l'émancipation des campagnes; il fallait autre chose, il fallait la philosophie du dix-huitième siècle. La révolte des paysans d'Allemagne, si généreuse et si intelligente qu'elle fût, ne pouvait rien; après quatorze siècles de misère et de monarchie il fallait la RÉVOLUTION FRANÇAISE.

FIN

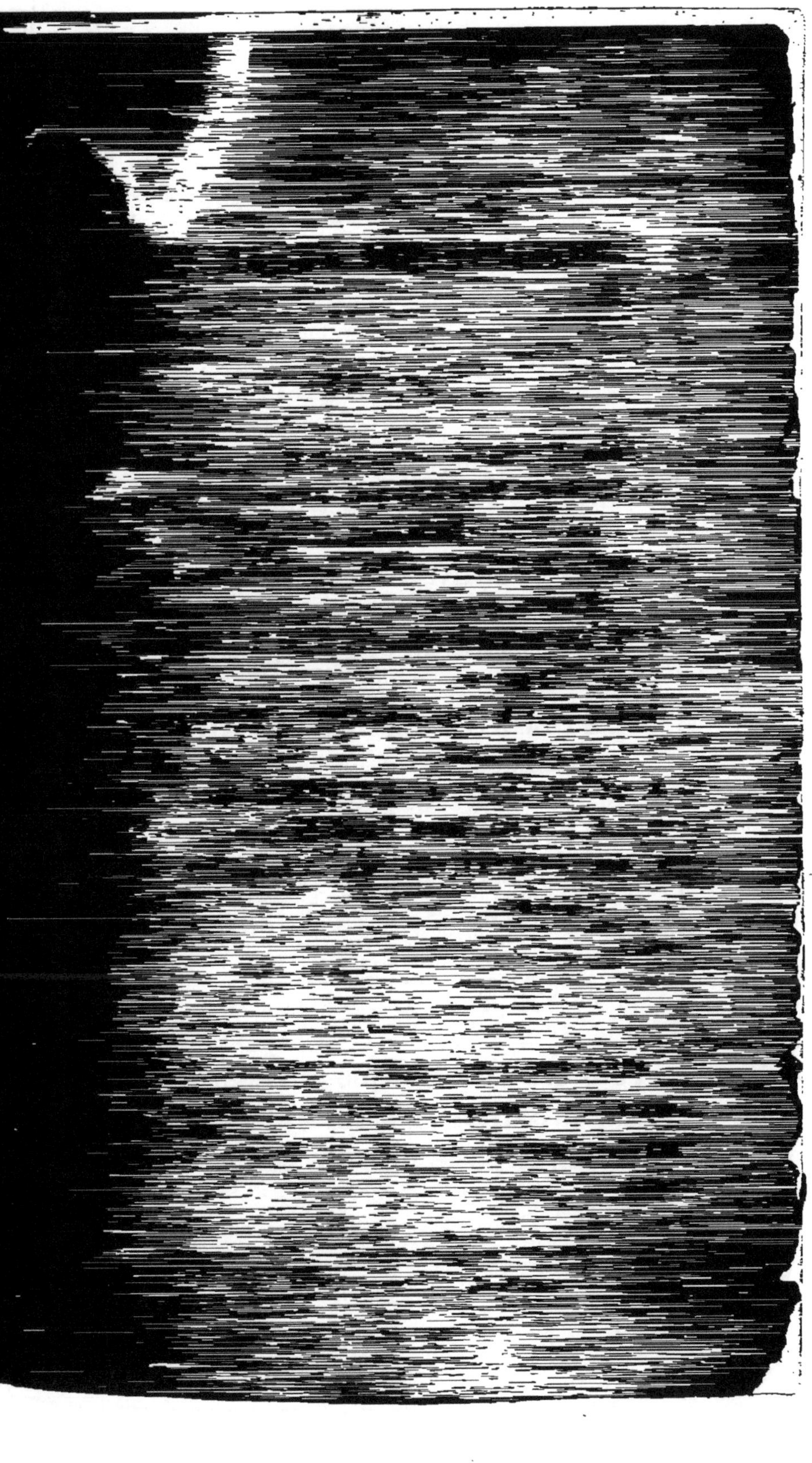

9 782019 993047